GLOSSÁRIO AUTOMOTIVO

A TWO-WAY GLOSSARY

ROSALIND MOBAID
CYNTHIA PICHINI

GLOSSÁRIO AUTOMOTIVO

A TWO-WAY GLOSSARY

Glossário de expressões e vocábulos da área automotiva em geral, vias e sinais de trânsito

PORTUGUÊS/INGLÊS

com índice reverso INGLÊS/**PORTUGUÊS**

DISAL EDITORA

Preparação de texto: Juliane Kaori / Verba Editorial
Capa e Projeto gráfico: Alberto Mateus
Diagramação: Crayon Editorial
Assistente editorial: Aline Naomi Sassaki

Impressão e acabamento: Yangraf Gráfica e Editora Ltda., em março de 2012, sobre papel offset 90g/m²

Dados Internacionais de Catalogação na Publicação (CIP)
(Câmara Brasileira do Livro, SP, Brasil)

Mobaid, Rosalind
Glossário automotivo : a two-way glossary : português/ inglês / Rosalind Mobaid, Cynthia Pichini. – Barueri, SP : DISAL, 2012.

Bibliografia
ISBN 978-85-7844-103-6

1. Automotiva - Glossários , vocabulários, etc. 2. Inglês - Glossários, vocabulários etc. - Português 3. Português - Glossários, vocabulários etc. - Inglês I. Pichini, Cynthia. II. Título.

12-02873 CDD-629.2

Índices para catálogo sistemático:
1. Área automotiva em geral, vias e sinais de trânsito : Glossários, vocabulários etc : Inglês-português 629.2
2. Área automotiva em geral, vias e sinais de trânsito : Glossários, vocabulários etc : Português-inglês 629.2

DISAL EDITORA

Alameda Mamoré 911 – cj. 107
Alphaville – BARUERI – SP
CEP: 06454-040
Tel. / Fax: (11) 4195-2811
Visite nosso site: www.disaleditora.com.br
Televendas: (11) 3226-3111

Fax gratuito: 0800 7707 105/106
E-mail para pedidos: comercialdisal@disal.com.br

SUMÁRIO

APRESENTAÇÃO

A two-way glossary é um glossário bilíngue (português-inglês-português) voltado para a área automotiva em geral, partindo da língua portuguesa e mostrando como o verbete ou a expressão ocorrem na língua inglesa, dentro do que nos pareceu essencial, interessante e, principalmente, útil.

Podemos dizer que o carro é um ícone da vida moderna e, por essa razão, ele aparece em músicas, peças teatrais, filmes, desenhos animados como personagem principal. Existe até mesmo uma área de estudo, a Engenharia de Tráfego, que pesquisa seus efeitos na sociedade e nas áreas urbanas, apontando problemas e soluções.

A intenção da elaboração do glossário é suprir a carência de obras na área, em português-inglês, no nosso país, mas sem a pretensão de esgotar o tema. Procuramos cobrir os seguintes aspectos: locomoção e transportes em geral, expressões idiomáticas, situações, uso e nomenclatura de documentos, ***phrasal verbs***, aspectos culturais, curiosidades, siglas, compra, venda e manutenção do automóvel, placas de sinalização, tipos de ruas, estradas e rodovias, termos utilizados no departamento de trânsito, modelos de veículos, enfim, o que poderia oferecer ao leitor uma fonte de pesquisa e auxiliar os estudiosos de ambas as línguas, em especial professores, tradutores, estudantes dos dois idiomas e turistas.

Primeiramente, elencamos os termos em português e sua versão em inglês, mostrando, em alguns casos, a variação da expressão no inglês britânico e norte-americano. Em seguida, vêm o índice reverso e os anexos que abrangem modelos de carros, sinais de trânsito, tamanhos e tipos de veículos e aspectos culturais pertinentes para uma maior abrangência da área automobilística.

Como nosso foco é no inglês norte-americano, usamos, por exemplo, armored, e não armoured; tire, e não tyre; fiber, e não fibre; breathalyzer, e não breathaliser etc.

Nosso trabalho não pretende esgotar nem o assunto nem as possibilidades de tradução; é uma fonte de pesquisa e também uma leitura para o dia a dia, além de um incentivo para que surjam novos glossários em outros campos e novas obras da língua de chegada para a língua de partida, tão deficitárias em nosso país.

Acreditamos que será muito útil para estudantes, tradutores e público em geral que queiram conhecer mais sobre vocabulário automobilístico inglês e americano.

As autoras

LISTA DE ABREVIATURAS

abr. abreviatura

aer. aeroporto

AM inglês norte-americano

bic. bicicleta

BR inglês britânico

cam. caminhão

col. coloquial

e.g. exemplo

equiv. equivalente

esp. especialmente

ex. exemplo

inf. informal

sb somebody; someone

sth something

subst. substantivo

v. ver

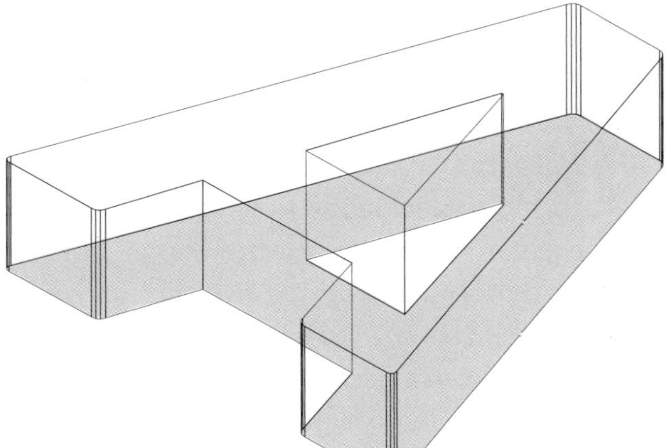

à prova de acidentes» *crash proof*
à prova de corrosão» *corrosion-proof*
à prova de ferrugem» *rustproof*
abaixar o vidro do carro» *to roll a car window down*; *to turn a handle*; to *push a button*
abaulado» *dished*
abaulamento da roda» *dishing of wheel*
abastecer» *to fill up*; *to gas up*; *to feed* BR
abastecimento de combustível» *fuel supply*
ABS» *antilock braking system* (um sistema de frenagem/travagem que evita que a roda bloqueie quando o pedal de freio é pisado fortemente e entre em derrapagem, deixando o automóvel sem aderência à pista; equipamento de segurança)
acabamento» *finishing*
aceleração» *speed-up*; *acceleration*
aceleração com o veículo parado» *jackrabbit start*
acelerador inf**»** *gas pedal*; *accelerator*; *throttle*; *loud pedal* BR INF.
acelerador de mão (moto)**»** *twist grip throttle*
acelerador de pé» *foot accelerator*
acelerador eletrônico» *electronic accelerator*
acelerador manual» *hand accelerator*
acelerar» *to speed up*; *to rev up*; *to accelerate*; *to step on it* (e.g.: *Step on it!*)
acelerar a toda velocidade» *to accelerate to full speed*
acelerar lentamente» *to accelerate slowly*
acelerar o motor» *to rev* (*up*); *to accelerate the engine* (e.g.: *Jeff revved the engine and left.*)
acenar para um carro parar» *to flag down*; *to hail* (e.g.: *I was desperately trying to flag down a cab to avoid the rain./ She was hailing to grab a cab, but all were off duty.*)

acendedor (de cigarros)» *(cigarette) lighter*
acendimento automático» *automatic headlights; automatic ignition system*
acessórios» *accessories; extras*
acessórios de fábrica/do modelo» *standard equipment*
acessórios dedicados» *dedicated accessories* (para veículos em especial)
acessórios para carros sem/com custo adicional» *no-cost option; cost option*
acidente» *accident; crash; smash(-up)* inf.; *shunt* (esp. na traseira); *collision*
acidente de trânsito» *traffic accident*
acidente com evasão do motorista culpado» *a hit-and-run (accident)*
acidente de carro/trem/avião/caminhão» *car/train/airplane/truck wreck/accident* (e.g.: *a wrecked car/ship*)
acidente de menor gravidade com veículos» *fender-bender* (e.g.: *I had a little fender-bender on the way to work today.*)
acionador de arranque» *starter*
acionamento da embreagem» *clutch drive*
acionamento eletrônico/hidráulico» *electronic/hydraulic drive*
aclive» *slope*
acoplamento» *coupling*
acoplamento elétrico» *electrical connection*
acoplar (trailer)» *to hitch (up)*
acostamento» *shoulder* AM; *hard shoulder* BR; *road side; sleep road; grass verge* BR; *off-street parking; lay-by* BR
acumulador» *accumulator; storage battery*
aderência» *adherence; roadholding*
adesivo (do Sem Parar)» *toll sticker*

adesivamento» *wrapping* (V aspectos culturais)
aditivo para óleo» *oil additive*
admissão» *intake*
aerodinâmica» *streamline*
aerodinâmico (adj.)**»** *streamlined*
aerofólio» *spoiler*; *airfoiler/aerofoil* (mais para aviões); *whale tail* (aerofólio grande)
aerofólio traseiro**»** *rear spoiler*
aferidor» *gauge*
afogado» *choked*
afogador» *choke*(*r*); *throttle*
afogamento» *choke*
afogar (carburador)**»** *to flood the carburettor*
afogar (motor)**»** *to stall*; *to choke* (*up*) *the engine* (e.g.: *The car stalled on the road.*)
afunilamento de estrada» *bottleneck*
***airbag*»** *airbag*
***airbag* da frente»** *front airbag*
***airbag* do carona»** *passenger-side airbag*
***airbag* do motorista»** *driver airbag*
***airbag* duplo»** *dual front airbag*
***airbag* lateral»** *seat-mounted side airbag*
ajustar o freio» *to adjust the brake*
ajustar o motor» *to adjust the engine*
ajustável» *adjustable*
ajuste do freio» *brake adjustment*
ajuste do motor» *engine adjustment*
alameda» *boulevard* (*Blvd*)
alarme antifurto» *anti-theft alarm*
alarme de carro» *car alarm*
alarme de marcha à ré» *back-up alarm*
alavanca da embreagem (moto)**»** *clutch lever*

alavanca de ajuste do banco» *seat lever/adjuster*
alavanca de deslize (para deslocar o banco do automóvel)**»** *sliding lever*
alavanca de mudança bic.**»** *shifter*
alavanca de mudança de marcha» *gearshift lever*
alavanca do câmbio» *gearshift lever*
alavanca do capô» *bonnet release*
alavanca do freio bic.**»** *brake lever*
álcool combustível» *alcohol/ethanol fuel*
alienado» *alienated*
alinhador das rodas» *wheel aligner*
alinhamento das rodas» *wheel alignment*
almofada do freio» *brake pad*
alternador» *alternator*
alto-falante» (*loud*)*speaker*
alto-falante da porta» *door speaker*
altura livre» *headroom*
alugar carro» *to rent a car*
aluguel de carro» *rent-a-car; rental car*
amassado subst.**»** *dent; crease*
amassar» *to dent* (e.g.: *The crash dented the car's bumper.*)
amortecedor (de choque)**»** *buffer; damper; muffler; (shock) absorber*
amortecedor destruído» *shot shocks* (e.g.: *Your shocks are shot. Do you suspect of the mechanic?*)
amortecedor traseiro (moto)**»** *rear shock absorber*
amperagem» *amperage*
andar colado/grudado no carro da frente» *to tailgate* AM; *to be nose to tail* BR (e.g.: *Traffic is nose to tail on 23 de Maio Road.*)
andar de carro, trem, avião, barco etc.» *to ride*
andar em marcha lenta» *to tick over*

anel» *ring*
anel/colar de eixo» *shaft collar*
anel do pistão» *piston ring*
anel (estrada)**»** *loop*
anel rodoviário» *ring road*
anel viário» *traffic circle*
ângulo de cáster» *caster angle*
animal morto na estrada (por algum veículo)**»** *road kill*
antena (de rádio)**»** *automobile antenna* AM; *car aerial* BR
anticorrosão» *anti-corrosion*
anticorrosivo» *anti-corrosive*
antiofuscante» *anti-dazzle*
anteparo cam.**»** *bulkhead*
aparelho de teste de bateria» *battery tester/checker*
apoio do braço (banco/porta)**»** *armrest*
apoio para a cabeça» *head rest/restraint*
apólice de seguro» *insurance policy*
apreensão do carro/veículo» *car/vehicle seizure*
aprendiz de motorista» *student driver* AM; *learner driver* BR
aquecedor» *heater*
aquecimento do motor» *warm up*
ar-condicionado» *air conditioning/conditioner* (AC)
área de abastecimento do posto» *pump island*
área de carga (espaço interior de veículo utilitário)**»** *cargo area*
área de carga e descarga» *loading/unloading zone*
área de estacionamento» *parking area/lot*; *car parking*; *car park* BR
área de manobra/tráfego aer.**»** *apron*
área de manutenção» *maintenance area*
área de retirada de bagagens aer.**»** *baggage claim area*

área de serviço aer.» *service area*
aro/jante» *rim*
arranhão» *scratch*
arranhar a marcha» *to grind the gears*
arriar (a bateria)**»** *to be dead* (e.g.: *Your battery is dead.*)
arriar (pneu)**»** *to go flat* (e.g.: *Why do bicycle tires go flat?*)
articulação da viseira do capacete (moto)**»** *visor hinge*
articulação (do para-brisa)**»** *articulation*
asfalto ondulado» *wavy pavement*
aspiração» *suction*
assento» (*bench*) *seat*
assento/banco dianteiro» *front/bucket seat*
assento/banco do motorista» *driver's seat*
assento/banco do passageiro» *passenger seat*
assento/banco traseiro» *back/rear seat*
assento duplo (metrô)**»** *double seat*
assento simples» *single seat*
assento traseiro na motocicleta» *pillion* (e.g.: *She rode pillion on a motorcycle.*)
assistência 24h» *24-hour assistance*
assistência técnica» (*technical*) *assistance; service*
assoalho do carro» *floor*
assoalho do carro onde se põem os pés» (*rear and front*) *footwell*
atender a região» *to serve* (e.g.: *Which motorway serves Cambridge? – Que rodovia atende a região de Cambridge?*)
aterro» *embankment*
atolar» *to stick/sink/bog down in mud*
atoleiro» *mudhole*
atrás» *rear*
atravessar» *to cross over*
atravessar fora da faixa» *to jaywalk*

atrelar, engatar (por ex., um trailer na traseira de um carro)**»** *to hitch (up)*

atropelar» *to run/knock over; to hit; to run* sb *down* (e.g.: *My mother was hit by a motorcycle./ The drunken driver ran three pedestrians down.*)

atingir a velocidade (de)**»** *to do* (e.g.: *The new Ferrari will do 250 mph.*)

aula de direção» *driving lesson*

aumentar a potência» *to soup up*

aumentar a velocidade» *to speed up*

aumento de velocidade, aceleração» *speed-up*

autoescola» *driving school* AM; *motoring school* BR

autoestrada» *(super)highway/HWY; turnpike* AM; *motorway/carriage way* BR

autoestrada (grandes velocidades)**»** *throughway/thruway* AM

automotivo» *automotive* (e.g.: *automotive industry/products*)

automóvel» *automobile; car*

avançar lenta e cuidadosamente» *to nose* (e.g.: *A huge truck was nosing through the traffic./ The ambulance nosed its way out of the crowd.*)

avançar o sinal» *to pass a traffic light*

avanço de sinal» *passing a traffic light; passing the red light*

avaria» *breakdown; damage*

avariar» *to breakdown*

avenida» *avenue (Ave); highway; road (Rd)*

avenida movimentada» *busy road*

avental para-lama cam.: *mud flap*

aviso de porta que não fechou (entreaberta)**»** *door ajar light*

axial» *axial*

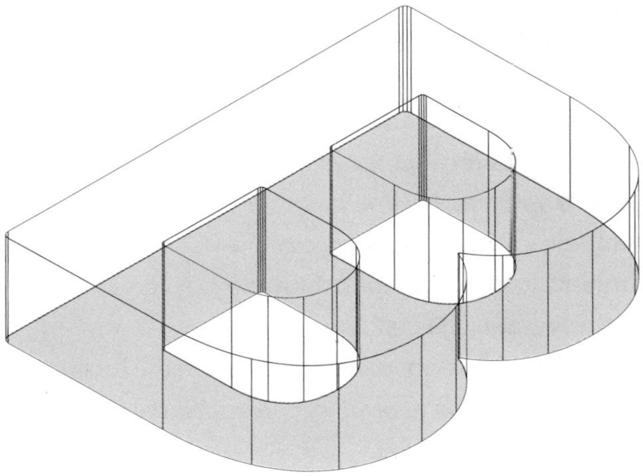

bafômetro» *breathalizer*
bagageiro» *luggage/baggage rack/boot*
bagageiro em cima do veículo» *roof rack*
bagagito» *trunk/boot lid*
baixa emissão» *low emission* (e.g.: *That model is classified as a low-emmission van.*)
balanceamento das rodas» *wheel balancing*
balancim» *rocker arm*
balanço» *overhang*
balanço dianteiro» *front overhang*
balanço traseiro» *rear overhang*
balão (ponto de cruzamento de ruas ou estradas em que é obrigatório o sentido circular)**»** *traffic circle* AM; *roundabout* BR
balcão de controle de bagagem aer.**»** *baggage check-in counter*
balcão de informações aer.**»** *information counter*
balcão de venda de bilhetes aer.**»** *ticket counter*
baldeação» *transfer*
banco» *seat*
banco dianteiro» *front seat*
banco do motorista» *driver's seat*
banco do passageiro» *passenger's seat*
banco reclinável» *reclinable seat*
banco regulável» *adjustable seat*
banco traseiro» *back seat*
banda de rodagem» *band*; *tread*
bandeira xadrez ou quadriculada (fim de corrida)**»** *checkered/chequered flag*
banguela (dirigir na)**»** *Mexican overdrive*; *Scotsman's sixth*; *to let go in neutral* (e.g.: *He rolled the mountain in Mexican overdrive.*)

baratinha» *runabout*
barbeiro» *Sunday driver*
barra de apoio (metrô)**»** *(side) handrail*
barra de direção» *steering track rod*; *tie/tension/track rod*
barra de pedágio» *toll bar*
barra transversal bic.**»** *crossbar*
barreira/barricada *(blitz)* na estrada, rua ou avenida**»** *roadblock*
barreira móvel (usada em corrida de carros e, às vezes, colocada em lugar perigoso para reduzir a velocidade, à medida que os carros passam em fila única)**»** *chicane*
barreira policial» *traffic stop*
barulho de brecada» *the sound of screeching car brakes*
barulho do motor» *noise of the engine*; *engine noise*
base das rodas, distância entre os eixos» *wheelbase*
batente de estrada de ferro» *buffer*
batedor (pessoa de motocicleta ou a cavalo que protege pessoa importante dentro de um veículo)**»** *outrider*
bater (veículo)**»** *to crash*; *to collide*; *to hit*
bater de lado ou na lateral rapidamente quando um carro está tentando ultrapassar o outro» *to sideswipe*
bater e fugir» *to hit and run*
bater forte fazendo muito barulho» *to smack* (e.g.: *A car smacked into us from behind.*); adv.: *smack* (e.g.: *The truck reversed smack into the gatepost.*)
bater na lateral (em acidente): *to blind side*
bater na traseira de um veículo: *to rear end* (e.g.: *The car rear-ended me./ My car was rear-ended by a truck./ What to do if you are rear-ended in your car?*); *to shunt* BR (e.g.: *My car shunted into the back of another car.*)

bateria» *battery*
bateria arriada» *dead battery*
bateria auxiliar (para fazer a "chupeta")**»** *booster battery*
bateria avariada» *damaged battery*
bateria carregada» *charged battery*
bateria defeituosa» *defective battery*
bateria descarregada» *discharged battery*
batida» *collision*; *crash*; *bump*; *blow*
batida de frente» *head*(-)*on crash*; *head on collision*; *frontal crash*
batida/pancada do motor» *engine knock*
batida policial no trânsito» *checkpoint* (e.g.: *Police arrested three thieves at a checkpoint.*)
beco» *alley*(*way*)
beira de estrada» *roadside*
beira, margem da estrada» *wayside* (esp. no interior)
betoneira» *cement truck* AM; *cement-mixer* BR; *concrete mixer*
bicicleta com marcha» *shifting gear bicycle/bike*
bicicleta de dois lugares» *tandem*
bicicleta motorizada (tipo de motocicleta com motor fraco e pedais como de bicicleta)**»** *moped*
bico (moto)**»** *spoiler*
bico da mangueira (bomba de combustível)**»** *nozzle*
bico injetor» *injector nozzle*
biela» *connecting rod*
bifurcação» *fork*
bifurcar» *to fork* (e.g.: *The road forked just after that big restaurant.*)
bilheteria» *ticket office*; *ticket collector's booth*
biocombustível» *biofuel*
blindado» *armored*
blindagem» *armoring*; *armor*

blitz» *traffic stop*
bloco do motor» *engine block*
bloqueador» *blocker*
bloquear a estrada de ferro» *to block the line*
bloquear o trânsito» *to block the traffic*
bloqueio de engate» *interlock*
BMW» *Beemer; Beema* inf.
bocal» *nozzle*
boleia» *coach box*
boleia de caminhão» *truck cab*
bolha na pintura» *blister*
bolsa de ar» *air cushion*
bolsa numa bicicleta ou motocicleta para carregar coisas» *saddle bag; pannier*
bomba alimentadora» *feed(ing) pump*
bomba d'água» *water pump*
bomba de ar» *air pump*
bomba de ar bic. **»** *bicycle/tire pump*
bomba de combustível (do carro)**»** *fuel/lift pump*
bomba de gasolina» *gas pump* AM; *petrol pump* BR
bomba de óleo» *oil pump*
bomba de pressão» *force pump*
bomba hidráulica» *hydraulic pump*
bomba injetora» *injection pump*
bonde» *cable car; streetcar* AM; *tram(car)* BR
bonde circular da cidade» *city circle tram*
boneco de testes» *(crash test) dummy*
bônus do seguro» *no-claims bonus/discount*
borda da plataforma (metrô)**»** *platform edge*
borda de pneu» *tire shoulder*
borra (óleo)**»** *oil gum*
borracha do limpador do para-brisa» *wiper*

borrachão/fritada» *burnout*
borrifador de óleo» *slinger*
botão de acionamento do vidro» *window button*
botão de ignição (moto)**»** *ignition switch*
botão de memória» *memory button*
botão do breque de mão» *release button*
botão do fecho interno (da porta do automóvel)**»** *interior door lock button*
braço do limpador do para-brisa» *wiper arm*
brecar» *to brake*
brecada brusca» *harsh braking; hard stop*
brecar violentamente» *to jam the brakes*
briga violenta entre motoristas» *road rage* (e.g.» *She was hurt in a road rage incident.*)
brilho (na pintura)**»** *gloss*
bueiro» *manhole*
***buggy*»** *buggy*
***buggy* para andar na areia»** *dune buggy*
bujão de escoamento/dreno de óleo» *oil drain plug*
buraco» *hole; pothole*
buraco na estrada» *pothole*
buzina» *honk; horn; hooter*
buzina de alerta: *hoop* (e.g.» *the hoot of a train whistle*)
buzina de ar» *air horn*
buzinar» *to blow; to honk; to horn; to hoot; to sound/to toot the horns*

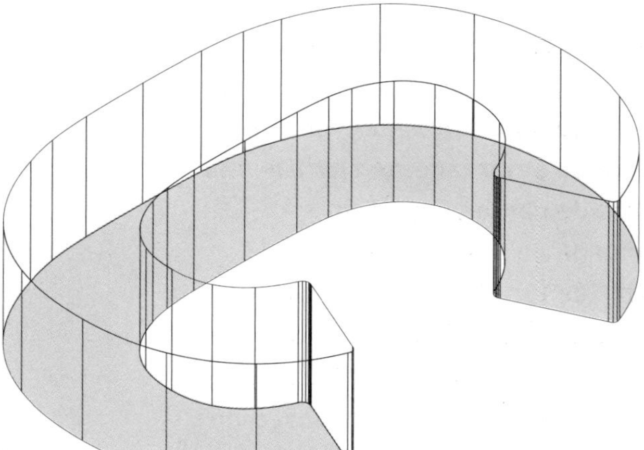

cabeçote» *cylinder head*
cabine da torre de controle aer.**»** *control tower cab*
cabine de comando (trem)**»** *driver's cab*
cabine de pedágio» *toll booth*
cabine do caminhão» *cab*
cabine-dormitório» *sleeper cab*; *top sleeper* BR
cabine dupla (picape)**»** *double/dual/crew/quad cab*
cabine estendida (picape)**»** *extended cab*
cabine simples (picape)**»** *regular/standard cab*
cabo» *cable*
cabriolé» *cabriolet* (automóvel tipo cupê de capota conversível)
cabo da vela» *spark plug cable*
cabo de bateria» *battery cable*
cabo de comando bic.**»** *control cable*
cabo do freio bic.**»** *brake cable*
cabo/fio de ligação direta» *jumper cable/wire*
cabo para reboque» *towrope*
caçamba» *bucket*
caçamba basculante» *tilting bucket*; *dump hopper*
cadeado bic.**»** *lock*
cadeira de bebê/infantil para auto» *baby seat/carrier*; *child/infant safety seat*; *infant/child carrier*
caixa da bateria» *battery case*; *battery box* cam.
caixa da embreagem» *clutch housing*
caixa de câmbio» *gearbox*
caixa de direção» *steering box*
caixa de lubrificação» *oil cup*
caixa de transmissão» *gearbox*
caixa do diferencial» *differential case*
caixa-preta» *black box*; *crash recorder*
calçada» *sidewalk* AM; *pavement* BR

calçadão (esp. na praia)» *boardwalk*
calçadão de compra» *shopping precinct*
calçar as rodas» *to chock the wheels*
calço (no pneu)» *chock; skid*
calhambeque» *banger; jalopy*
calibração» *calibration*
calibrador» *calibrator*
calibrar (pneu)» *to inflate*
calota» *hubcap; wheelcover; disk*
camada de tinta» *paint coat; coat of painting*
câmara de ar de pneu» *inner tube*
câmara de combustão» *combustion chamber*
cambagem» *camber*
cambagem negativa» *negative camber*
cambagem positiva» *positive camber*
cambão» *tow bar*
câmbio» *gear/shift lever; (gear) stick* BR; *stick shift* BR
câmbio automático» *automatic gear* (v. aspectos culturais)
câmbio manual/mecânico» *manual gearbox/ transmission; stick/straight/standard shift* inf.; *gearshift; gear lever; gear stick* BR; *stick shift* AM; *gear shifter; man* (BR – abr.)
câmbio semiautomático» *semi-automatic transmission; paddle shift gearbox*
câmbio sequencial» *sequential gearbox*
camburão» *Black Maria; paddy wagon* AM
caminhão» *truck* AM; *lorry* BR
caminhão articulado» *tandem tractor trailer*
caminhão basculante» *dump truck* AM; *dumper truck* BR
caminhão-cegonha» *car carrier truck; transporter*
caminhão compactador de lixo» *garbage truck* AM; *refuse truck* BR

caminhão de lixo» *garbage truck* AM; *dustcart* BR; *refuse truck* BR

caminhão de mudança» *moving van/truck; removal truck; pantechnicon* BR

caminhão frigorífico» *reefer truck*

caminhão leve» *light van*

caminhão pequeno» *light van*

caminhão pequeno com uma parte para transportar mercadoria» *panel truck*

caminhão-pipa» *roadway flusher*

caminhão rígido» *straight truck*

caminhão-tanque» *tank truck/car; tanker; gas/fuel truck* AM; *road tanker* BR; *petrol-tanker truck* BR

caminhão traçado (2 eixos)**»** *two-axle truck*

caminhão trucado (3 eixos)**»** *three-axle truck*

caminhão/vagão plataforma» *flat bed truck/car*

caminho de sirga (também para reboque de barcos)**»** *towpath*

caminho em aclive» *uphill slope*

caminho em declive» *downhill slope*

caminhoneiro» *truck* AM*/lorry* BR *driver; trucker; truckman*

caminhonete, camionete» *van; light truck/van; pick(-)up truck*

canibalizar (retirar um componente bom de uma peça sucateada para montar outra)**»** *to cannibalize*

cano de escapamento» *exhaust pipe*

cantar pneu» *to screech; to squeal* (e.g.: *Her car screeched around the corner./ I took a turn and my tires were like "screeeeeech".*)

canteiro central» *central barrier; strip of land; central reservation*

capa para carro» *car cap/cover*

capa do estepe externo (carro tipo jipe com o estepe do lado de fora)» *hubcap*; *wheelcover*

capacete (bic.: moto)» (*protective*) *helmet*; *motorcycle safety helmet*; *crash helmet*

capacidade de amperagem da bateria» *battery capacity*

capacidade de carga» *load capacity*

capacidade de força» *power output*

capacidade de passageiros sentados» *seating capacity* (e.g.: *The bus has seating for 36 people.*)

capacidade do tanque de combustível» *capacity of fuel tank*

capacidade do motor» *engine capacity*

capacidade técnica» *technical capacity*

capô» *hood* AM; *bonnet* BR

capota» *roof*

capota de acionamento elétrico» *electrically-operated convertible top*

capota removível (para carro conversível)» *convertible/detachable top*

capota rígida conversível» *hard top convertible roof*

capota semirremovível» *targa top*

capotagem» *overturn*; *rollover*

capotar» *to turn/flip/roll over*; *to turn turtle*; *to overturn* BR; *to capsize* inf.

características do carro» *car features*

carburador» *carburet(t)or*

carcaça» *shell*; *framework*

cardan» *cardan*

carenagem» *fairing*

carga» *load*

carga alternada» *alternate load*

carga da bateria» *battery charging*
carga de caminhão» *truckload/truck load*
carga de reforço de bateria» *boost(er) charge*
carga excessiva» *excessive load*
carga leve» *light load*
carga máxima» *maximum load*
carga útil» *payload*
carga útil máxima» *capacity*
caronista» *hitchhiker; rider; hitcher*
carona programada/solidária» *car pool*
carreata» *motorcade*
carreata presidencial» *presidential motorcade*
carregadeira/escavadeira» *bucket/front/front end/scoop/skip/wheel loader; payloader*
carregador de bateria» *battery charger*
carregar (caminhão)**»** *to load*
carregar a bateria» *to charge the battery*
carreto» *truckage*
carrinho (de bagagem no aeroporto)**»** *luggage cart*
carro» *car; automobile; vehicle; wheels* (muito inf.) (e.g.: *Girls prefer boys with the nicest looking wheels.*)
carro à prova de roubo» *theft-proof car*
carro acidentado» *wrecked car*
carro adaptado» *adapted car* (e.g.: *car adapted for disabled*)
carro alugado» *rental car*
carro automático» *automatic* (car)
carro batido» *crashed car*
carro blindado» *bullet-proof car; armored car*
carro com motor envenenado» *hot rod*
carro/veículo de cortesia» *replacement car/vehicle*
carro de frota» *fleet car*

carro/moto antigo(a), mas em boas condições» *vintage car/motorcycle; veteran car*

carro com capô de metal: *hard top*

carro com controle de emissão de gases» *controlled/detoxed car*

carro com porta traseira» *hatchback*

carro compacto» *compact; city car*

carro conversível» *convertible; rag-roof; ragtop; softtop; hardtop; drophead coupé* BR

carro da empresa» *company car*

carro de bombeiros» *fire engine/truck*

carro de colecionador» *collector's car*

carro de passageiros» *passenger car*

carro de polícia» *police/squad car*

carro de presos ("tintureiro")**»** *paddy wagon*

carro de *test drive*» *demo*

carro de três portas» *hatchback*

carro detonado» *basket case* inf.

carro disfarçado da polícia» *unmarked car*

carro do ano» *model year* (*MY*)

carro do corpo de bombeiros» *fire truck; fire-brigade motorcar* BR

carro-dormitório (trem)» *sleeper; sleeping car*

carro econômico» *economic/economy car*

carro elétrico» *electric/solar/sun car*

carro em ótimo estado» *brand new car; mint-condition car* BR

carro envenenado» *suped/souped-up car*

carro equipado» *equipped/loaded car*

carro esporte» *sports car*

carro fácil de dirigir» *forgiving* (e.g.: *That car is very forgiving.*)

carro flex» *flex car*
carro-forte» *armored car*
carro fugitivo» *runaway car*
carro funerário» *hearse*
carro "gastão"» *gas guzzler* inf.
carrro híbrido» *hybrid car*
carro-leito» *sleeping car*
carro mecânico/manual» *manual car*; *handshaker* AM
carro-patrulha» *patrol car*
carro produzido em massa» *mass-produced car*; *volume car*
carro rente ao chão» *low rider*; *low to the ground*
carro reserva» *replacement car*
carro-salão (vagão de trem com lugares confortáveis para sentar; é necessário fazer reserva)**»** *parlor car*
carro semiautomático» *semi-automatic car*
carro seminovo» *used* (car); *semi-annual car* equiv.
carro-socorro» *wrecker*
carro tunado» *tuning*
carro usado» *used/second-hand car*
carro usado em racha/adaptado para corridas» *dragster*
carro/van de entrega» *delivery van*
carro velho e em más condições» *crate*; *banger* inf.
carro visado (para ser roubado)**»** *targeted car*
carro zero» *km o car*
carroceria do automóvel/caminhão» *body*; *trailer*
cartão de deficiente» *disabled parking permit placard* (no retrovisor) (e.g.: *A portable placard can be moved from one car to another.*)
carteira de habilitação/motorista (CNH)**»** *driver's license* AM; *driving licence* BR
cárter» *oil pan*

cartão do idoso» *senior pass*
casco do capacete (moto)**»** *bubble*
cáster» *caster; castor; trail*
catraca» *turnstile*
catraca de entrada» *entrance turnstile*
catraca de saída» *exit turnstile*
cavalo de força» *horsepower (HP)*
cavalo de pau» *hand-brake spin/turn; doughnut*
cavalo mecânico (do caminhão)**»** *truck tractor*
cera» *wax* (e.g.: *How do I know when my car needs a wax job?*)
cerca de proteção» *traffic barrer* AM; *guard rail* AM; *crash barrier* BR
certidão da placa do veículo para fins de seguro, judicial e compra e venda» *certificate of roadworthiness* (v. aspectos culturais)
certificado de inspeção veicular (CIV)**»** *Vehicle Inspection Certificate (VIC)*
certificado de registro de veículo (CRV)**»** *car registration*
chamar um táxi» *to hire a taxi*
chacoalhar» *to shake* (e.g.: *If she goes over seventy, the car starts shaking.*)
chapa/placa» *licence plate* AM; *number plate* BR
chapa/placa especial (por exemplo, do governo, embaixadas etc.)**»** *special license plate*
chassi» *chassis; undercarriage; frame*
chassi danificado» *frame damage*
chave» *key; switch*
chave de ignição» *ignition switch*
chave de manobrista» *secondary key*
chave de partida» *starting switch*
chave de roda» *tire iron; wheel wrench*
Chevrolet» *Chevy*

chicote» *whip*
choque» *collision; crash; bump*
chupeta» *jump start; boost*
ciclista» *biker; (bi)cyclist*
ciclovia» *bike lane; bicycle path*
cilindrada» *cylinder capacity; piston displacement*
cilindrada do motor» *engine displacement*
cilindro» *cylinder*
cilindro da roda» *wheel cylinder*
cinto de segurança» *seat/safety belt*
cinto de segurança curto» *webbing/lap/hip belt*
cinto de segurança por cima do ombro» *shoulder belt*
cinto de segurança retrátil» *restraint system*
cinzeiro» *ashtray*
circulação pela direita» *right-hand traffic* (*RHT*)
circulação pela esquerda» *left-hand traffic* (*LHT*)
circulador de ar» *air circulator*
CIRETRAN/Circunscrição Regional de Trânsito» *Brazil Regional District of Traffic* equiv.
cláusula de cobertura por colisão (ao alugar um carro)**»** *collision damage waiver (CDW)*
cobrador de ônibus» *conductor*
cocheiro» *coach man*
***cockpit*»** *cockpit* (cabine do piloto)
código ou legislação de trânsito rodoviário» *road traffic legislation*
coletor de escape» *exhaust manifold*
coletor de óleo» *sump*
colisão» *collision; crash; impact*
colisão com outro veículo (não) **motorizado»** (*non*) *motor vehicle collision* (*MVC*)
colisão na traseira de um veículo» *rear-ender* AM; *shunt* BR

colocar primeira, segunda etc.» *to shift to first/second; to put into first, second etc.*

colocar os cintos» *to buckle/belt up*

coluna da direção» *steering column; head tube* bic.

coluna da porta» *center post*

coluna do selim bic.**»** *seat post*

comando de válvula» *camshaft*

comando do limpador do para-brisa» *wiper switch*

comboio» *convoy*

combustão» *combustion; burning*

combustível» *fuel; fuel juice* inf.

compartimento da bateria» *battery compartment*

compartimento de bagagens (ônibus, trem)**»** *baggage compartment; accomodations*

compartimento de passageiros (ônibus)**»** *passenger saloon*

compartimento de ferramentas» *storage compartment*

compartimento do motor» *engine compartment*

completar com água/fluidos» *to top up* (e.g.: *He topped up his battery with water.*)

comportamento agressivo no trânsito» *road rage*

compra e venda de automóveis» *automobile business*

compressão» *compression*

compressor do ar-condicionado» *air conditioner compressor*

computador de bordo» GPS; *board/trip computer; never lost*

concessionária» *car dealer/shop; franchised/authorized dealer*

condução» *driving*

condução/direção perigosa» *dangerous driving*

cone» (*traffic*) *cone*

conector» *connector*
conexão» *coupling*
confluência de pistas» *merge*
congestionamento» *gridlock; traffic jam; (traffic) congestion*
conserto» *repair*
conserto de buracos» *hole/pothole repair*
consumo de combustível» *fuel consumption*
consumo de combustível na cidade/estrada» *city/highway fuel consumption*
consumo de óleo» *oil consumption*
consumo médio» *average consumption*
contador de tempo (para farol)**»** *countdown timer*
conta-giros» *tachometer*
contato» *contact; switch; ignition* (e.g.: *I think I left the keys in the ignition.*)
contêiner na capota do carro» *roof box*
contêiner para óleo no motor» *oilcan*
conteúdo de álcool no sangue» *blood alcohol content*
contramão» *wrong way*
controlar/regular/refrear a velocidade do automóvel» *to govern*
controle de passaportes» *passport control*
conversor catalítico controlado por computador» *C-4 system; computer-controlled catalytic converter*
controle de emissão de gases» *gas-emmission control*
controle de segurança» *security check*
controle de temperatura» *climate control*
controle de trânsito» *traffic control*
controle do retrovisor externo» *outside mirror control*
convergência» *toe*
convergência nas rodas» *toe-in*

conversão à esquerda/direita» *left/right turn*
conversível (de capota dura)» (*hardtop*) *convertible* (*car*)
coroa da roda» *crown wheel*
corredor de ônibus» *bus lane*
correia de distribuição» *timing belt*
correia de transmissão» *drive belt*
correia da ventoinha» *fan belt*
correia dentada» *toothed/cog belt*
correia do cinto» *shoulder belt*
corrente» *chain*
corrente bic.**»** *drive chain*
corrente de neve para pneu» *snow chain*
corrente elétrica» *current*
corrida de motos» *speedway*
corrida na estrada» *road racing*
corroer/"comer"» *to corrode*; *to eat* inf.
corrosão» *corrosion*
corta-circuito de emergência (moto)**»** *emergency switch*
cortar (no trânsito)**»** *to cut in*
costurar (no trânsito)**»** *to weave in and out of traffic*; *to zigzag*
cruzamento» *crossing*
cruzamento com estrada de ferro» *railroad crossing*
cruzamento/intersecção/encruzilhada» *intersection* AM; *crossroads* BR; *cross-intersection* BR
cruzar com outro veículo» *to pass each other*; *to pass another vehicle* (*going in the opposite direction*)
cruzeta» *spider*
cubo da roda bic.**»** *hub*
cupê» *coupé*
curva» *bend*; *twist*; *turn*; *twists and turns*; *curve* (e.g.: *From now on the road is full of twists and turns.*)

curva à direita» *right angle turn*

curva à esquerda» *left angle turn*

curva fechada» *sharp curve/turn*

curva fechada em "U" (estrada)**»** *hairpin bend/curve* AM; *sharp/tight bend*

curva sem visibilidade» *blind corner*

custos de manutenção (seguro, impostos, combustível etc.)**»** *operating costs*

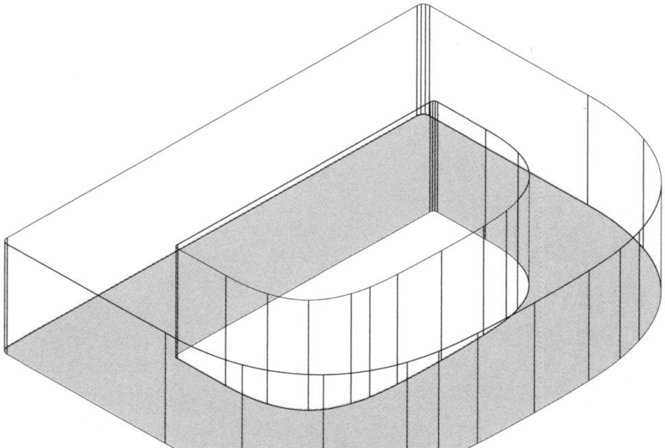

dano» *damage*
dar a preferência no trânsito» *to give way*; *to yield* AM
dar carona» *to give someone a lift*; *to pick someone up*
dar carro velho como parte do pagamento» *to trade in*
dar cavalo de pau» *to spin*; *to do doughnuts/donuts*
dar (marcha à) **ré»** *to reverse*; *to back up*; *to drive backwards*
dar partida» *to start*; *to switch on*; *to crank*
dar partida na moto» *to start a motorcycle*
dar partida na moto com o pedal» *to kick-start*
dar partida num carro usando a bateria de outro» *to jump* AM; *to jump-start* (usando *jumper cables*) (e.g.: *Can you jump-start my car?*)
dar passagem (para carro)**»** *to give way*; *to yield* AM (e.g.: *He gave way to an oncoming car.*)
dar polimento» *to polish*
dar seta/sinal» *to indicate*; *to signal*
dar sinal de luz» *to flash* (tipo pisca-pisca)
dar um solavanco» *to jerk* (e.g.: *The taxi jerked to a stop outside the airport.*)
dar uma "fechada"» *to cut off*
dar uma guinada (ao frear ou derrapar, a traseira do carro é jogada de um lado para outro): *to fishtail*
dar uma guinada e sair da estrada» *to fishtail off* (e.g.: *I fishtailed off the road onto the shoulder and hit a car.*)
dar uma guinada no volante» *to give the wheel a spin*
dar uma guinada (para evitar bater)**»** *to swerve*; *to veer* (e.g.: *The truck veered off the road and crashed into a tree.*)
dar uma volta/giro de carro» *to go for a ride/spin*
debrear» *to clutch*
decalque» *decal*
decalque de vinil para carro» *car vinyl decal*

declive» *slope*
declive/rampa/inclinação (de estrada)» *gradient*
declive/rampa suave» *easy slope*
defeito» *defect; fault*
defeituoso» *faulty*
degrau» *step*
deixar/desembarcar alguém em algum lugar (carro, ônibus etc.)» *to put/drop* sb *off* (e.g.: *He put me off by the bus stop.*)
DENATRAN/Departamento Nacional de Trânsito» *Ministry of Transport*
dente da embreagem» *clutch dog*
dente da engrenagem» *gear tooth*
Departamento de Polícia Rodoviária Federal (DPRF)» *Traffic Police Department*
depósito de carros» *shed*
depreciação» *depreciation*
derrapagem» *skid(ding)*
derrapar» *to skid; to sideslip* (e.g.: *The car started to skid/went into a skid on the icy road.*)
desaceleração» *deceleration*
desaceleração natural de um motor» *coasting*
desacelerar» *to decelerate*
desacoplamento da embreagem» *clutch throwout*
desalinhamento de rodas» *wheel disalignment/misalignment; out of alignment*
desamassar» *to bump out*
desastre» *accident; crash; collision* (v. acidente)
desatolar» *to pull out of the mud*
descanso de pé» *dead pedal*
descarregar a bateria» *to discharge the battery*
descarregar (caminhão)» *to detruck; to unload*

descer» *to go down* (e.g.: *The car went down the road.*)
descer (da moto)**»** *to get off* (*a bike*); *to dismount*
descer desengrenado/desengatado» *to coast*
descarrilamento» *derailment*
descarrilar» *to derail*; *to jump the track*(*s*)
descida» *declivity*; *downhill* (e.g.: *The car started to roll downhill.*)
desconectar» *to cut out*
desembaçador» *defogger* AM; *defroster* AM; *demister*
desembaçador de espelho» *mirror defroster*
desembaçador traseiro» *rear screen/window heater*
desembaçar» *to defog*; *to defrost*
desembrear» *to throw the clutch out*
desempenho» *performance*
desengatar» *to disengage*; *to withdraw*; *to throw out* (*a gear*)
desengate» *withdrawal*; *withdrawing*
desengrenado» *in neutral* (*to put into neutral*)
desenho da banda de rodagem (do pneu)**»** *tread design*
desgaste» *wear*
desgaste dos pneus» *tire wear*
desligar a embreagem» *to throw out*; *to disengage a clutch*
desligar o carro» *to switch off*; *to cut* inf.; *to kill* inf.
deslocamento do banco do automóvel» *fore and aft adjustment*; *moving a seat forwards and backwards*
desmanche (de carros)**»** *chop shop* (a pessoa que faz o desmanche chama-se *breaker*)
desmontar» *to disassemble*; *to demount* (*car/tire*)
desmontar o motor» *to dismantle* (*the engine*)
desobstruir (trânsito, ruas, estradas)**»** *to clear* (e.g.: *The roads will be cleared this afternoon.*)
desviador dianteiro bic.**»** *front derailleur*
desviador traseiro bic.**»** *rear derailleur*

desviar» *to dodge* (e.g.: *Bikers have to dodge through traffic.*)

desviar o tráfego» *to divert* (e.g.: *The police diverted the traffic away from the collision.*)

desvio» (*road*) *detour* AM; *diversion* BR

desvio de estrada de ferro» *sidetrack*

detetor de radar» *radar detector*; *speed radar defeater*

detonação» *ping* AM; *pink* BR

detonar (motor)**»** *to ping* AM; *to pink* BR

DETRAN/Departamento de Trânsito» *Department of Motor Vehicles/DMV* AM; *Driver and Vehicle Licensing Agency/DVLA* BR

diafragma a vácuo» *vacuum diaphragm*

diferencial» *differential*; *final drive*

diminuição da marcha» *downshift* AM; *kickdown/KD* BR

diminuir a marcha» *to downshift*

diminuir a velocidade» *to slow down* (*the speed*); *to throttle down*

***dimmer*»** *dimmer* (controle de luz do veículo)

dínamo» *dynamo*; *generator* bic.

dinamômetro» *dynamometer*

direção (ato de dirigir)**»** *driving*

direção» (*wheel*) *steering*

direção à direita/esquerda» *right/left-hand drive*; *RHD/LHD*

direção defensiva» *safe/defensive driving*

direção hidráulica» *power steering (wheel)*; *hydraulic steering*

direção mecânica» *manual steering*

direção perigosa» *honing*

dirigibilidade» *drivability*

dirigir alcoolizado» *to drive under the influence* (*DUI*); *to drive while intoxicated* (*DWI*)

dirigir bêbado» *drunk driving* (e.g.: *He was arrested on a drunk driving charge.*); *DUI* (*driving under the influence of alcohol or drugs*)
dirigir com a capota abaixada» *al fresco driving*
dirigir/guiar caminhão» *to truck*
dirigir muito devagar» *to drive dead slow*
dirigir na cidade» *urban driving*
dirigir relaxadamente e sem destino» *to tool* (e.g.: *She went tooling around town in her beautiful car.*)
disco» *disk*; *disc*
disco abaulado» *dished disk/disc*
disco da embreagem» *clutch disk/disc*
disco da roda» *wheel disk/disc*
disco de freio» *brake disk/disc*
disco ventilado» *ventilated disk/disc*
disjuntor» *circuit breaker*
dispositivo» *device*
dispositivo de regulagem» *adjusting device*
distância entre os eixos das rodas (DEE)**»** *wheelbase*; *track gauge*; *wheel track*
distribuidor» *distributor*
divergência nas rodas» *toe-out*
dobradiça» *hinge*
documentos (do carro, do motorista)**»** *credentials* (e.g.: *The policeman ordered to see the driver's credentials.*); (*vehicle*) *registration documents* (e.g.: *The policeman asked me to see my registration.*)
dono da estrada» *road hog*
dormente (de trem): *sleeper*
dreno» *drainage*
duas mãos (vias de)**»** *two-way* (e.g.: *a two-way traffic/street*)
dupla debreada» *double clutching*

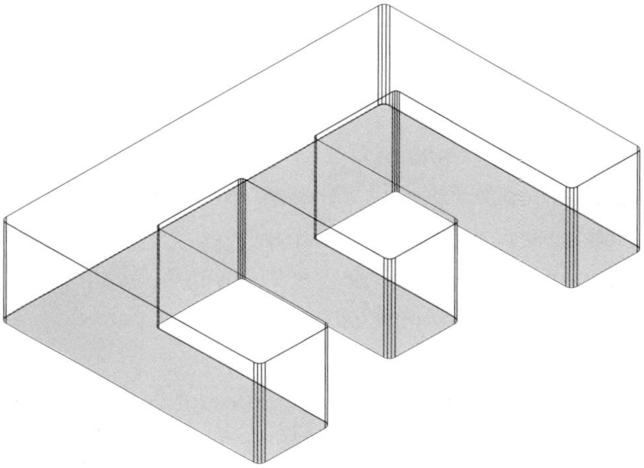

ecológico» *environmentally friendly*
economizador de combustível» *fuel economizer/saver*
efeito retardado» *delayed action*
eixo» *axle; axis; shaft*
eixo acoplado» *tandem axle*
eixo cardan» *cardan axle; drive/propeller shaft*
eixo compensador» *compensating axle*
eixo da corrente bic.**»** *chain stay*
eixo de acionamento» *drive shaft*
eixo de apoio» *anchor pin*
eixo de manivela» *crank axle*
eixo de tração» *trailing axle*
eixo de transmissão» *drive shaft*
eixo dianteiro» *front axle*
eixo do comando de válvulas» *camshaft*
eixo do distribuidor» *distributor shaft*
eixo do freio» *brake shaft*
eixo do guidão bic.**»** *stem*
eixo do mancal» *bearing axle*
eixo transmissor» *transmission shaft*
eixo transversal» *cross shaft*
eixo traseiro» *rear/back axle*
ejetor do lavador do para-brisa» *washer nozzle*
eletrodo» *electrode*
eletrólito» *electrolyte*
embaçamento» *hazing; haze* (e.g.: *No more window hazing if you use this product.*)
embaçar» *to mist up/over* (e.g.: *The windscreen misted up./ The rear window was misted up.*)
embreagem» *clutch*
embreagem hidráulica» *hydraulic clutch*
embrear» *to throw the clutch in*

emissão» *emission*

empinar (moto, bic.)**»** *to wheelie* (subst.: *wheeling; stunt*)

empurrar a bicicleta (quando não se está andando nela)**»** *to wheel the bike along* (e.g.: *Stella got off and wheeled the bike along.*)

encerar» *to wax*

encher o pneu» *to pump up* (*a tire*); *to inflate* (e.g.: *Could you please inflate my tires?*)

encher o tanque» *to fill up the tank; to fill'er* (*it*) *up* AM

encostar» (o veículo no meio-fio): *to pull over/up* (e.g.: *She pulled the van up at the curb.*)

encosto» *backrest*

encosto do assento» *back of seat*

encosto para a cabeça» *head rest/restraint*

encruzilhada» *crossroad*

enferrujar» *to rust*

enferrujado» *rusty*

engatar» *to engage* (*a gear shift*); *to throw* (*in a gear*)

engate» *shackle*

engavetamento» *pileup, pile-up; smash; crash; concertina* (e.g.: *There was a six-vehicle crash on the road to Santos.*)

engavetar» *to pile up: to smash; to concertina* (e.g.: *The car concertinaed when it hit the bus.*)

engrenar» *to put in gear; to throw into gear*

engrenagem» *gear*

engrenagem de marcha à ré» *back-gearing*

engrenagem sincronizada» *synchromesh*

enguiçar» *to break down; to stall*

enguiço» *breakdown*

enjoado em carro» *car sick*

enjoo (carro, avião, trem)**»** *motion sickness* AM; *travel sickness* BR

entrada da estação de metrô» *station entrance*

entrada de ar» *vent*

entrada de ar frio» *cold air inlet*

entrada de veículos numa residência» *driveway*

entrar (veículo)**»** *to pull into* (e.g.: *The train pulled into the station./ She pulled the car into the garage.*)

entrar de carro» *to drive in*

envelopamento» *wrapping* (v. aspectos culturais)

envenenar (carro)**»** *to soup/hot up* (e.g.: *He souped up his old car.*)

envernizar» *to varnish*

equipado» *equipped*

equipamento de extinção de incêndio» *fire-fighting equipment*

equipar» *to equip*

escape» *exhaust*

escape traseiro» *tail pipe*

escavadeira/trator» *earthmover; bulldozer*

escorregão» *slippage*

escorregar» *to slip*

esguichador (de água no para-brisa)**»** *washer*

espaço interno» *inside space* (e.g.: *This car has plenty inside space.*)

espaço para as pernas» *legroom* (e.g.: *The legroom in the back of my car is enough.*)

espelho de cortesia (do visor solar)**»** *vanity mirror*

espelho defletor» *dipping/deflector mirror*

espelho lateral» *side mirror* AM; *wing mirror* BR

espelho retrovisor» *rearview/driving mirror; mirror* (moto)

espelho retrovisor externo» *outside mirror*

espelho retrovisor externo (cam.)» *West Coast mirror*
espelho retrovisor interno» *rearview mirror*
estabilidade» *stability*
estabilidade na estrada» *roadholding*
estabilizador» *stabilizer*
estação de trem» *train station*
estação final» *terminal; terminus*
estacionamento» (*parking*) *lot; park*
estacionamento com manobrista» *valet parking*
estacionamento de *trailer*» *trailer park*
estacionamento em ângulo» *angle/echelon parking* BR
estalar (barulho do motor com pequenas explosões)» *to sputter*
estar com/fazer um barulho estranho» *to make a funny sound* (e.g.: *It's making a funny sound under the hood.*)
esteira/tapete rolante (bagagem)» *conveyor belt; carousel*
esteira/tapete rolante (para pessoas)» *moving walkway* BR; *moving sidewalk* AM; *travelator* col.; *horizontal escalator* col.; *walkalator* col.
estepe» *spare tire/wheel*
estofamento» *upholstery*
estourar pneu» *to burst; to blow* (*out*) *a tire*
estouro de pneu» *burst; blowout*
estrada» *road; highway; thoroughfare; route; carriageway* (e.g.: *route 66*)
estrada asfaltada» *asphalted road*
estrada/caminho com superfície muito ruim (cascalho, areia etc.)» *dirt road/track*
estrada cheia de curvas» *twisty road*

estrada com duas ou mais pistas em direções opostas com um espaço no meio» *divided highway*; *dual carriageway* BR
estrada de acesso, estrada local» *frontage/access/local/service/surface/outer road*; *feeder*; *service drive*; *local street*
estrada de ferro» *railroad* AM; *railroad line/track*; *train track*; *railway* BR
estrada de pista simples» *single carriageway* BR
estrada de rodagem, rodovia» *highway*; *roadway*; *trunk road* BR (estrada larga para viagens rápidas entre cidades); *public road* BR
estrada de terra» *dirt road*
estrada em zigue-zague» *zigzag road*
estrada esburacada» *road full of holes*; *bumpy road*
estrada escorregadia» *slippery road*
estrada estadual» *state road*
estrada federal» *federal road*
estrada íngreme em zigue-zague» *switchback*
estrada interestadual» *interstate* (*road*) (*highway*) AM
estrada lamacenta» *muddy road*
estrada larga, dividida, que não tem pedágio» *freeway* (também via expressa sem pedágio)
estrada larga com arborização central e/ou lateral» *parkway* (geralmente ligada a parques com exclusão de caminhões e veículos pesados)
estrada lotada/movimentada» *busy road*
estrada pedagiada» *toll road*; *turnpike*; *tollway*; *toll highway*; *express toll route* (Canadá)
estrada principal» *highway* AM; *main road* BR
estrada secundária» *byroad*; *side/secondary road*
estrada sem pedágio» *freeway*

estrada sinalizada» *signposted road*
estrada sinuosa» *winding/zigzag road*
estrada transversal» *cross road*
estrada vicinal» *by-way/link road*
estradas/ruas bem sinalizadas» *well sign-posted drives*
estrago» *breakup*
estrago na pavimentação» *road breakup*
estribo bic.**»** *toe clip*
estribo central (moto)**»** *main stand*
estribo de carro» *running board*
estribo do freio (moto)**»** *brake caliper*
estribo do passageiro (moto)**»** *pillion footrest*
estribo do piloto (moto)**»** *front footrest*
estribo lateral (moto)**»** *kickstand*
estrutura (estrada)**»** *base*
estrutura» *frame*
estrutura/armação da parte inferior do veículo» *underbody structure; undercarriage*
esvaziamento (do pneu)**»** *deflation*
esvaziar (pneu)**»** *to deflate*
etanol» *ethanol*
exame de direção/habilitação» *driving test*
exame psicotécnico» *response test*
exaustor de ar» *exhauster*
exceder a velocidade permitida» *to exceed the speed limit; to speed*
excesso de velocidade» *excess of speed;* (*over*)*speeding*
explosão» *explosion*
extintor de incêndio» *fire extinguisher*

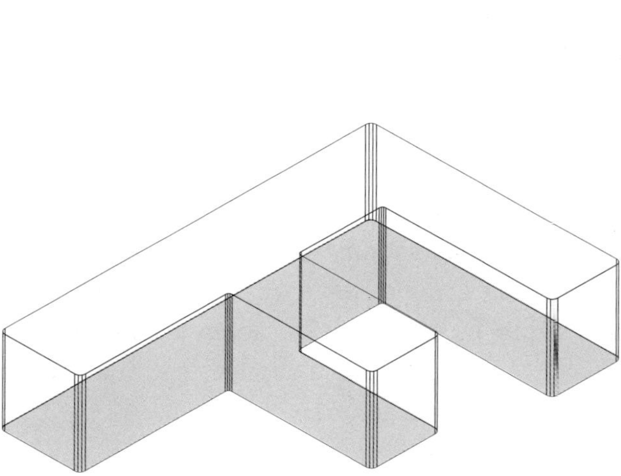

fabricante» *manufacturer*
faísca» *spark*
faixa de aceleração» *acceleration lane*
faixa de atrito (pneu)**»** *rubber wall*
faixa de bicicleta» *bike lane*
faixa de caminhão» *truck lane*
faixa de desaceleração» *deceleration lane*
faixa de emergência» *emergency lane*
faixa de motocicleta» *motorcycle lane*
faixa de ônibus» *bus lane*
faixa de segurança para pedestres» *safety zone*; *crosswalk* AM
faixa pintada (estrada)**»** *painted line*
faixa/pista lenta» *slow/inside lane*; *slower traffic*
faixa/pista do meio» *middle/center lane*
faixa/pista rápida» *fast/outside/passing lane*
faixa de carona» V. *pista de carona*
faixa de circulação» *traffic lane*
faixa de pedestre» *crosswalk* (apenas a faixa pintada na rua); *pedestrian crossing* (*ped xing*); *zebra crossing*; *street crossing* AM
faixa de pedestre com botão de acionamento/sensor» *pelican crossing* BR; *puffin crossing* BR
faixa para cavalos» *pegasus crossing*
faixa para pedestres e bicicletas» *toucan crossing*
faixa de segurança (metrô)**»** *safety line*
faixa de ultrapassagem» *passing lane*
faixa dupla (no meio da estrada)**»** *double yellow line* AM
faixa dupla (na lateral da estrada)**»** *double yellow line* (proibido parar naquele lugar da estrada) BR
faixa para veículos lentos» *crawler lane* BR
faixa principal» *main lane*

faixa secundária» *entrance*

faixa vermelha (marca que não deve ser excedida em conta-giros/tacômetro)**»** *red line*

falha» *breakdown*

falha no freio» *brake failure*

falha no engate da marcha» (*clutch*) *drag*

falhar» *to fail* (e.g.: *The brakes failed and our car crashed against a wall.*)

falhar (a ignição)**»** *to misfire*; *to miss*

falhar (o motor)**»** *to cough*; *to splutter* (e.g.: *The engine coughed and died.*)

farol» v. semáforo

farol (de carro)**»** *headlamp*; *headlight*; *beam*

farol alto» *high/main beam*; *brights*

farol amarelo (semáforo)**»** *yellow light*

farol auxiliar» *auxiliary light*

farol baixo» *low beam*

farol de estacionamento» *parking light*

farol de longo alcance» *far-reaching headlamp*

farol de neblina» *fog light*; *fog*(*-warning*) *lamp*

farol de pedestre» *pedestrian signal*

farol de posição (trem)**»** *position light*

farol dianteiro» *headlight* (e.g.: *In the accident she had a smashed headlight.*)

farol escondido» *concealed/hidden/pop-up headight*

farol multifocal: *multifocal* (MF) *headlight*

farol projetor (trem)**»** *headlight*

farol selado» *sealed beam*

farol traseiro» *tail light*

farol verde (semáforo)**»** *green light*

farol vermelho (semáforo)**»** *red/stop light*

farol/luz de marcha à ré» *back-up/reversing light*

farol/semáforo/sinaleira» v. semáforo
farolete bic.» *headlamp*
fazer baliza» *to parallel park*
fazer gambiarra» *to do a Macgyver on* sth; *to jerry-rig; jerry-built/rigged* (adj.)
fazer o teste de dosagem etílica» *to breathalyze* sb; *to do/perform a sobriety test*
fazer revisão» *to overhaul; to carry out a service on a vehicle*
fazer transporte em caminhão» *to truck*
fazer um retorno» *to do/make a U-turn*
fazer uma parada (em viagem)**»** *to stop over*
fechadura da porta» *door/car lock*
fechar a estrada» *to close off* (e.g.: *The police closed off the road to traffic for 40'.*)
fecho do cinto de segurança» *buckle*
feixe de molas» *leaf spring*
ferro-velho de carros» *junkyard*
ferrovia» *railroad* AM; *railroad line/track; train track; railway* BR
ferrovia importante entre duas cidades/linha tronco» *mainline* (e.g.: *a mainline station*)
ferrugem» *rust*
fiação» *wire*
fibra de vidro» *glass fiber*
ficar sem gasolina» *to run/be out of* (*gas/petrol*) (e.g.: *I've run out of gas./ It's out of gas.*)
filete lateral: *body side molding*
filme plástico» *emergency windscreen* (para para-brisa quebrado)
filtro» *filter; strainer*
filtro de ar» *air cleaner/filter*
filtro de combustível» *fuel filter*

filtro de óleo» *oil filter*
fluido» *fluid*
fluido da bateria» *battery fluid*
fluido do breque» *brake fluid*
fiscal (de bilhetes)**»** *ticket collector*
fivela do cinto de segurança» *belt buckle*
folga» *clearance*
folga na direção» *backlash*
folga no cinto de segurança» *belt slash*
folgado/bração (motorista que ocupa a rua toda ou que dirige perigosamente)**»** *road hog*
força» *power; force*
força máxima» *maximum/peak power*
força motora» *power stroke*
forçar alguém a sair da estrada» *to run* sb *off the road*
forçar o motor ao máximo» *to thrash* inf.
fórmula Indy» *Indy Car Racing*
fornecedor» *dealer* (*dlr*)
forro (da porta do automóvel)**»** *trim panel*
forro (de teto do veículo)**»** *roof lining*
frase colada com mensagem engraçada, política ou religiosa em para-choque, na traseira ou vidro do veículo» *bumper sticker* (e.g.: *Good girls go to heaven; bad girls go everywhere.*)
freada» *braking*
freada brusca» *harsh braking; hard stop*
frear» *to brake*
freio» *brake*
freio a ar» *air brake*
freio a disco» *disk brake*
freio a tambor» *drum brake*
freio a vácuo» *vacuum brake*

freio contrapedal bic.» *coaster brake*
freio da frente (moto)» *front brake lever*
freio de ação sobre as rodas traseiras» *back-wheel brake*
freio de ar comprimido» *air-pressure brake; compressed air brake*
freio de estacionamento» *parking brake*
freio de lona» *band brake*
freio de mão» *hand brake; parking brake (lever)*
freio de óleo» *oil brake*
freio de roda» *wheel brake*
freio de segurança» *safety brake*
freio de serviço/pé» *service/foot brake*
freio desregulado» *unbalanced brake*
freio dianteiro bic.» *front brake*
freio elétrico» *electric brake*
freio hidráulico (com servo-vácuo)» *(servo-vacuum) hydraulic brake*
freio manual» *hand brake*
freio pneumático» *air brake*
freio traseiro bic.» *rear brake*
freio traseiro (moto)» *rear brake pedal*
freios ABS» *ABS brakes* (v. ABS)
frenagem» *braking*
frenagem de emergência» *ABS* (v. ABS); *emergency brake*
frente do carro» *front; up front; nose* inf.
frentista» *gas/service station attendant* AM; *petrol pump attendant* BR
frete» *freight*
frete (de caminhão)» *truckage*
fricção: *friction*
friso lateral protetor (do automóvel)» *body side molding*

fumaça» *smoke*; *fume*

funcionar o motor com o carro parado (em ponto morto)**»** *to idle* (subst.: *idling*)

funilaria (oficina)**»** *body shop*

funilaria (serviço)**»** *body work*

furgão» (*mini*)*van*

furo (pneu)**»** *puncture*

furos (pintura)**»** *pitting*

"Fusca"» *Beetle*

fusível» *fuse*

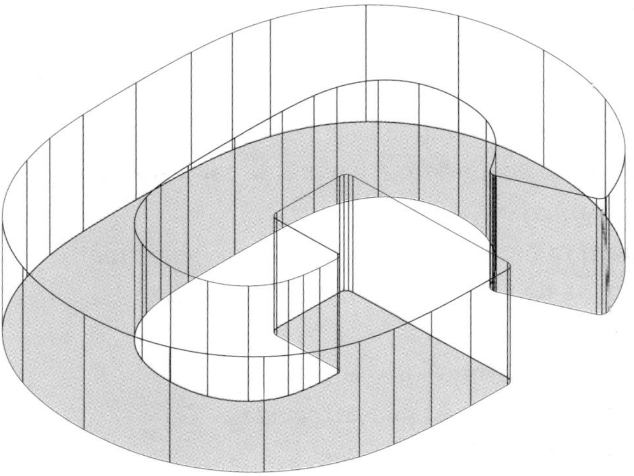

galão» *gallon*; *gall* (3,79 litros – AM); (4,55 litros – BR)
garagem de estacionamento» *parking* (*garage/structure/ramp/deck*); *multistorey* (*car-park*) BR
garantia» *warranty*
garfo bic.**»** *fork*
garrafa de água bic.**»** *water bottle*
gás líquido natural (GLN)**»** *liquefied/liquid natural gas* (*LNG*)
gases poluentes» *polluting/greenhouse gases*
gasolina» *gas, gasoline* AM; *petrol* BR
gasolina com emissão mínima de gases poluentes» *reformulated gasoline*
gasolina misturada com um pouco de álcool» *gasohol*
gasolina melhor» *higher grade of gasoline* (e.g.: *She should use a higher grade of gasoline.*)
gasolina sem chumbo» *unleaded/lead-free gasoline*
giro» *turn*
GM» *General Motors*
gotejamento de combustível» *fuel dribble*
GPS» *Global Positioning System*
grade/grelha (da frente do veículo)**»** *grille*
grade do radiador» *radiator grille*
grampo para carga de bateria» *battery charging clip*
Grand Prix» *Grand Prix*
gravação de número em vidro de carro» *etching*; *lifting*
graxa» *grease*
guard rail (proteção nas estradas)**»** *guard rail*
guarda de trânsito» *traffic cop/policeman*; *traffic warden* BR
guarda-volumes» (*baggage*) *lockers*
guia da corrente bic.**»** *chain guide*
guia rodoviário» *road atlas*

guiar» *to drive*

guichê (de vendas de passagens)**»** *ticket office*

guidão bic.**»** *handle bar*

guidão (moto)**»** *hand grip*

guinada» *veer*

guinar (a traseira)**»** *to veer; to fishtail* (e.g.: *The car fishtailed on the icy curve.*)

guinchar» *to tow*

guinchar veículo parado em local proibido» *to tow away* (e.g.: *The truck towed the ilegally parked car away./ If you don't run back to your car, they will tow you away.*)

guincho» *tow truck; wrecker; breakdown vehicle; winch for towing vehicles*

guincho (serviço de)**»** *auto towing (services)*

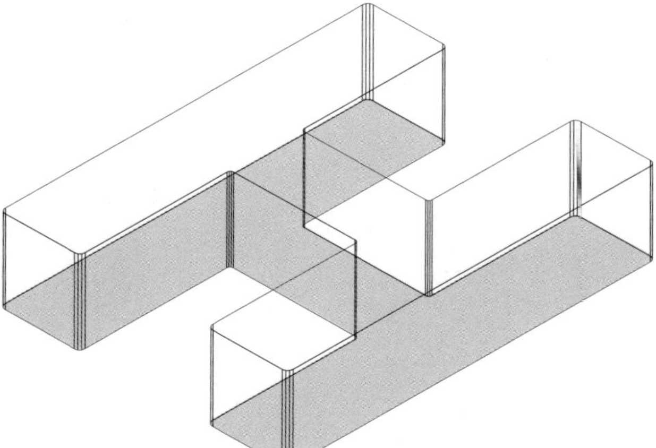

habilitação profissional» *commercial driver licence*
hangar de manutenção aer.**»** *maintenance hance*
Harley, H-D» *Harley Davidson* (tipo de motocicleta potente)
haste do capô» *bonnet stay*
hidrômetro da bateria» *hydrometer*
hodômetro» *odometer* AM; *mileometer* BR (equipamento que mostra quantas milhas um carro percorreu)
horário de pico/*rush*» *rush hour*
horário de trens, ônibus etc.» *schedule*; *timetable* BR
horário de voos» *flight schedule*

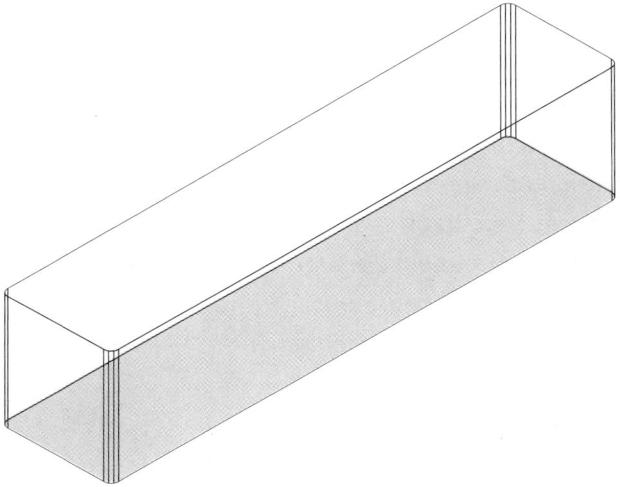

ignição» *ignition (switch)*
ignição eletrônica» *electronic ignition*
ilha (estreita faixa que separa os dois lados de uma estrada)**»** *median (strip)* AM; *central reservation* BR
ilha (no meio da rua para esperar para atravessar)**»** *traffic island*
indicador da pressão do óleo (moto)**»** *oil pressure warning indicator*
indicador de direção» *headlight/turn signal*
indicador de farol alto (moto)**»** *high beam warning indicator*
indicador de posição neutra (moto)**»** *neutral indicator*
indicador de temperatura» *temperature indicator*
indicador do nível de combustível» *fuel (level) indicator*
indicador do nível de óleo» *oil gauge (indicator)*
índice de consumo de combustível» *fuel consumption ratings*
infração de trânsito» *traffic violation/infraction*
infrator» *offender*
injeção de combustível multiponto» *multipoint fuel injection (MPFI)*
injeção eletrônica» *electronic fuel injection (EFI)*
injeção sequencial de combustível» *sequential fuel injection (SFI)*
injetor» *injector*
inspeção veicular» *vehicle inspection* (feito uma *official inspection station*); *Federal Test Procedure* (FTP) AM
instrutor de direção» *driving instructor*
intersecção em T» *T-intersection* AM; *T-junction* BR
intersecção» *intersection*
intransitável (geralmente porque o tempo está ruim)**»** *impassable (road, path, avenue* etc.)

inversor de sinal (moto)**»** *dip switch*
IPVA» *car/road/vehicle tax*
ir de marcha à ré» V. "dar marcha à ré"
itens de série» *standard features*

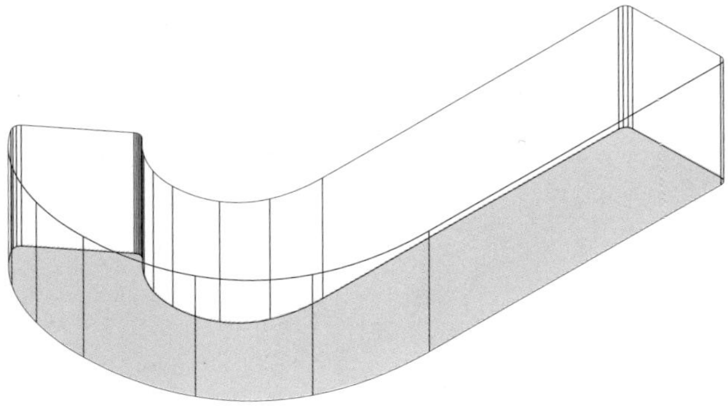

Jaguar» *Jag*
janela do motorista» *driver's window*
janela lateral» *side window*
janela traseira» *back window*
jogo de pneus» *tire set*
junta do cárter» *oil pan gasket*

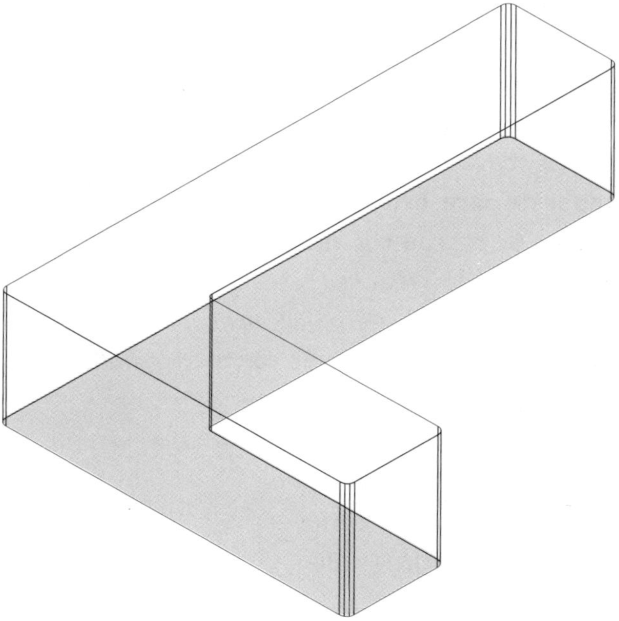

lado do motorista» *driver's side; the offside* BR
lado do passageiro» *passenger side*
lado oposto ao do condutor» *nearside*
ladrão de carros» *car thief*
ladrão de carros (com a pessoa dentro)**»** *car jacker* (subst.: *car jacking*)
ladrão de objetos dentro de veículo» *car burglar*
ladeira: *ramp; slope*
lâmina do limpador de para-brisa» *windshield/ windscreen wiper blade*
lâmpada traseira» *rear lamp*
lanterna» *light*
lanterna da placa» *license plate light*
lanterna lateral» *sidelight; sidelamp*
lanterna traseira» *tail/rear light*
largura do pneu» *tire width*
lasca na pintura» *flake*
lascar a pintura» *to chip off the paint* (e.g.: *You have to repair the chipped paint on your car.*)
lata-velha» *crate*
lataria» *bodywork; vehicle body*
lavador de para-brisa» *windshield/windscreen washer*
lavagem de carro» *car wash*
leito da estrada» *roadbed*
leito da rua/carroçável» *pavement; roadway*
letras e números da placa do carro» *registration number*
levantar (veículo) **com macaco»** *to jack up*
levantar o vidro do carro» *to roll a car window up; to turn a handle; to push a button*
licenciamento» *car licensing*
ligação direta» *hot(-)wiring*
ligar diretamente (sem chave)**»** *to hot wire*

limite de velocidade» *speed limit*

limpador de para-brisa» *windshield wiper* AM; *windscreen wiper* BR (e.g.: *The damage included a cracked windshield.*)

limpador de para-brisa temporizado» *self-parking wiper*

limpador de vidro traseiro» *rear (windshield) wiper* AM; *rear (windscreen) wiper* BR

limusine» *limousine; limo*

linha de ônibus» *bus line*

linha de taxiamento aer.**»** *taxiway line*

linha do bonde» *tramline; tramway*

linha principal (trem)**»** *main line*

linha regular (ônibus, avião, trem etc.)**»** *shuttle*

linha tronco ou principal» *trunk (line)*

líquido de arrefecimento» *coolant*

lixa» *glasspaper*

locadora de automóveis (loja)**»** *rental car*

locadora de automóveis (companhia)**»** *rental car company*

local/área de estacionamento» *parking place/area/lot/space; car park* BR

local de compras de passagens» *booking hall*

locomotiva» *locomotive; railway engine* BR

lombada» *(speed) bump* AM; *cat's back* AM; *speed/road hump* BR; *speed breaker* BR; *sleeping policeman* BR; *slow child* BR

lona de freio» *brake lining/facing*

lona de pneu» *ply*

lotação (número de passageiros)**»** *accommodation; capacity* (e.g.: *This BMW has accomodation for five people.*)

lubrificação» *lubrication*

lubrificante» *lubricant; lub*

lubrificar» *to lubricate*

lugar na estrada onde a polícia fica escondida medindo a velocidade dos carros» *speed trap*

luz alta e ofuscante» *dazzle*

luz baixa» *dimmed/anti-dazzle light*

luz da placa» *license plate lamp*

luz de advertência» *warning light/lamp*

luz de advertência do sistema de carga da bateria» *alternator warning light; battery discharge controller/indicator; battery state/charge indicator*

luz de leitura» *map light*

luz de "Pare"» *stop-light*

luz de aviso» *precaution/warning/fault light*

luz de estacionamento» *parking lamp*

luz indicadora de farol alto (no painel)**»** *high beam indicator light*

luz de freio (dentro do carro)**»** *brake light*

luz de freio (traseira)**»** *stop lamp*

luz de neblina» *fog-warning lamp*

luz de nível baixo de combustível» *low fuel warning light*

luz de porta aberta» *door open warning light*

luz de ré» *backup/reverse/reversing light/lamp*

luz de seta» *repeater (lamp); directional light; turn signal*

luz dianteira/frontal» *headlights*

luz do cinto de segurança» *seatbelt warning light*

luz do indicador de direção» *turn signal indicator*

luz do óleo» *oil warning light*

luz interior» *courtesy light*

luz lateral» *(side-)marker light*

luz traseira adicional» *back-light*

luz traseira» *taillights*

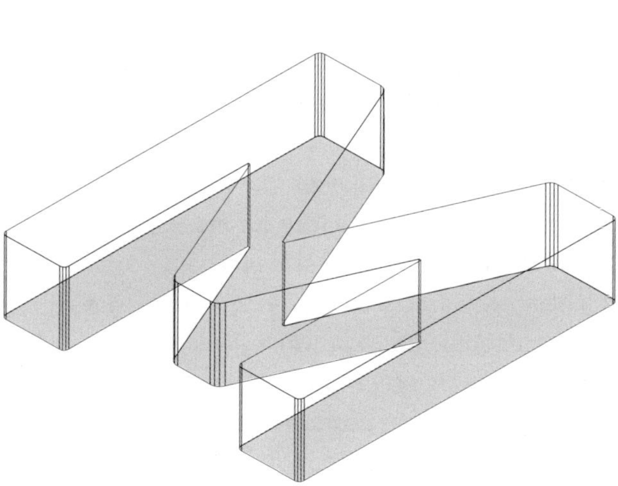

macaco» *jack*; *bottle jack* (macaco hidráulico em forma de garrafa)
macaco hidráulico» *hydraulic/trolley jack*
maçaneta» *door handle*
maçaneta do porta-malas» *boot handle*
malha viária» *road system*
mancha» *stain*
mangueira» *hose*
mangueira do freio» *brake hose*
manivela do vidro» *manual window lever*; *window winder*
manivela bic.**»** *crank*
manivela do vidro» *window regulator handle*
mancal» *bearing*
manobra de retorno» *three-point turn* (manobra na estrada para voltar de onde veio)
manobrar, esterçar (veículo)**»** *to steer*; *to manoeuver* BR
manobrista de trem» *shunter*
manual de instruções do proprietário» *owner's manual/handbook*; *maintenance manual*
manutenção» *maintenance*
mão francesa» *right-hand traffic* (*RHT*)
mão inglesa» *left-hand traffic* (*LHT*)
mão única» *one-way*
mapa rodoviário» *road map*
marca» *make* (e.g.: *What's your car make?*)
marcas de derrapagem» *skid marks*
marcha» *gear* (*first, second, third, fourth*...); *speed* (*transmission*) (e.g.: *a car with a 5-speed transmission*)
marcha alta» *high gear* (quarta/quinta)
marcha à ré» *reverse gear/drive*; *back up*
marcha desengrenada (banguela)**»** *out of gear*

marcha engrenada/engatada» *in gear* (e.g.: *The car won't move unless you're in gear.*)
marcha/velocidade lenta» *idle speed*; *slow-running*
marcha muito lenta» *crawler gear* (para *off-road*)
marcha mais rápida (do que todas)**»** *top gear*
marco ou poste miliário (que mostra a distância de um lugar em particular)**»** *milepost*; *milestone*
margem da estrada» *bank* AM; *embankment* BR
marginal (avenida)**»** *bypass*
marronzinho inf.**»** *traffic cop* AM; *traffic warden* BR
mecânico» *mechanic*
mecanismo de direção» *steering gear*
medidor de combustível» *fuel gauge*
medidor de óleo» *oil* (*level*) *gauge*
meio-fio» *curb* AM; *kerb* (BR); *curbstone*
mesinha de avião (para carro)**»** *tray table*
metrô» *subway* AM; *underpass* BR; *underground* BR; *the tube* (BR – inf.)
micro-ônibus» *minibus*
milha» *mile*
milhagem, quilometragem» *mileage*
milhas por hora» *miles per hour* (*MPH*)
mistura ar-combustível» *air-fuel mixture*
modelo conversível» *convertible model*
modelo de carro» *car model*
modelo e marca» *model and make*
modelo principal» *flagship model*
mola» *spring*
mola amortecedora de trepidação» *anti-vibrator spring*
mola da válvula» *valve spring*
mola do freio (a tambor)**»** *return spring*

monobloco (carroceria construída em monobloco)**»** *monocoque*

monocoque» *monocoque*

montagem» *assembly*

montar» *to assemble*

montado na fábrica» *shop assembled*

morrer (motor, carro)**»** *to die*; *to stall*; *to kill* inf. (e.g.: *It just died on me.*)

mostrador da bomba de gasolina» *body*

motocicleta (esp. a pequena)**»** *motorcycle* (*MC*); *motorbike* (v. moped); *bike*

motociclista» *biker*; *motorcyclist*

motocross» *MotoCross*

motoneta» *scooter*; *moped*

motor» *engine*

motor à gasolina/álcool/diesel» *gas/alcohol/diesel engine/motor*; *petrol engine* BR

motor afogado» *flooded* (*engine*)

motor avariado» *disabled engine*

motor de arranque/partida» *starter* (*motor*)

motor de combustão interna» *internal combustion engine*

motor de dois ciclos/tempos» *two*(*-stroke*) *cycle engine*

motor de explosão» *internal combustion engine*

motor de oito cilindros» *eight-cylinder engine*; *straight eight*

motor de 4, 6, 8, 10, 12... válvulas» *V-4, V-6, V-8, V-10, V-12... engine*; *Vee-4, Vee-6...*

motor de quatro tempos» *four-stroke cycle engine*

motor de seis cilindros» *six-cylinder engine*; *straight six*

motor de trem» *power car*

motor desligado» *engine off*

motor difícil de pegar ou falhando» *balky engine*

motor engasgando/falhando» *spitting of the engine*
motor flex» *flex engine*
motor parado» *dead engine*
motor radial» *radial engine/motor*
motor recondicionado» *reconditioned engine*
motor rotativo» *rotary engine*
***motorhome*»** *motorhome*
motorista» *driver; motorist*
motorista de caminhão» *truck driver* AM; *lorry driver* BR
motorista de direção defensiva» *safe driver*
motorista de ônibus» *bus driver*
motorista de táxi/taxista» *taxi/cab driver; cabbie; cabby*
motorista que anda colado no veículo da frente» *tailgater*
***mountain bike*»** *mountain bike*
mudança de velocidades/marchas» *gear shift*
mudar a marcha» *to change/shift/switch gears*
mudar a velocidade do motor» *to rev*
multa» *ticket; fine*
multa de estacionamento proibido» *parking ticket/fine*
multa por excesso de velocidade» *speeding ticket/fine*
multar» *to ticket; to fine* (e.g.: *She was fined for speeding.*)
mureta» *traffic barrier* AM; *crash barrier* BR

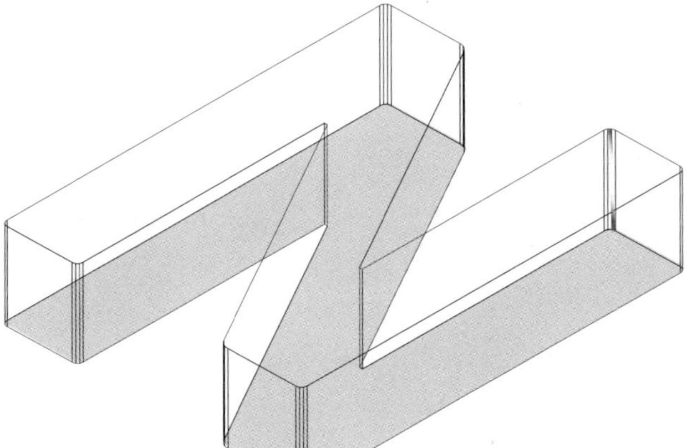

na estrada (estar) (em carro, ônibus ou caminhão)**»** *on the road* (*to be*) (e.g.: *He's been on the road for almost six hours.*)

não fechar o cruzamento» *not to block the box* (*junction*) (e.g.: *Don't block the box* (fine + 2 points); *not to block intersection* (e.g.: *Do not block intersection.*)

navegador (rally)**»** *navigator*; *co-driver*

neblina» *fog*

nicho lateral da janela» *window recess*

nível etílico» *alcohol level*; *blood alcohol content/concentration*; *blood ethanol concentration*

nível permitido de dosagem etílica» *level set* (e.g.: *One should never drink above the level set for adults.*)

número de marchas» *number of speeds*

número do chassi» *Vehicle Identification Number* (*VIN*)

número do motor» *Engine Identification Number* (*EIN*)

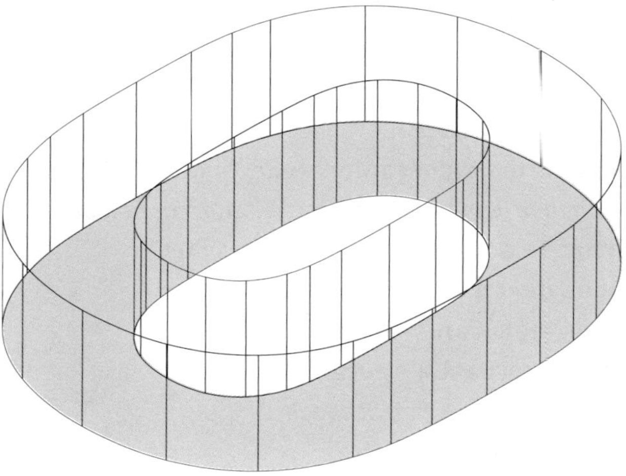

obras na estrada/pista» *road work(s)*
obstruir (caminho, tráfego, cruzamento)**»** *to block (the way, the traffic, the intersection)*
octana, octanagem (índice de octano)**»** *octane (rating)*
oficina» *(auto repair) shop* AM; *garage* BR
oficina de consertos (esp. depois de acidente)**»** *body shop*
oficina de pintura» *paint shop*
oficina mecânica» *mechanics*
ofuscamento» *dazzling; blinding; glaring*
óleo» *oil*
óleo antiferrugem» *anti-rust oil*
óleo de mamona» *castor oil*
óleo do freio» *brake oil*
óleo do motor/do câmbio» *motor/gear oil*
óleo queimado» *burnt oil*
óleo sem aditivo» *straight oil*
olhar/checar a frente do carro» *to look/check under the hood* (e.g.: *Would you please check under the hood?*)
olhar/checar o óleo» *to check the oil* (e.g.: *Would you check the oil, please?*)
olhar/checar os pneus» *to check the tires*
olho de gato» *reflectors*
ônibus» *bus; coach* (para viagens mais longas)
ônibus articulado/sanfona» *articulated/bendy/tandem /stretch/banana/slinky/caterpillar/accordion bus*
ônibus de dois andares» *double decker* BR
ônibus de um andar» *single decker*
ônibus elétrico» *trolley bus*
ônibus expresso» *express bus*
ônibus fretado» *freight coach*
ônibus-leito» *bus berth*

opcionais do carro» *optional/extra equipment; trim levels/package*
oscilação da roda» *wheel flutter*
oxidação» *corrosion; rust; oxidation*
oxidar» *to corrode; to rust; to oxidate*

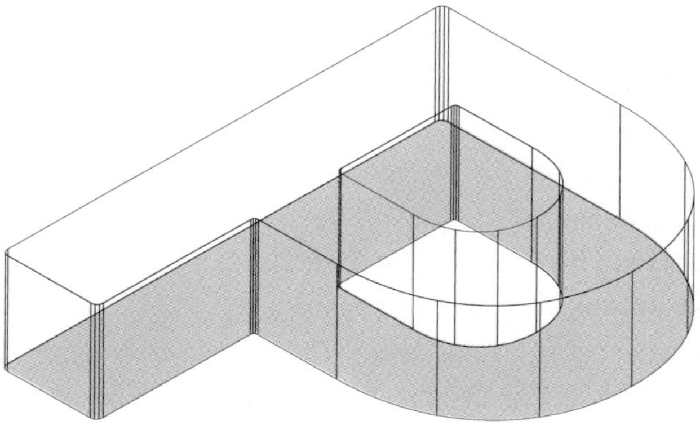

pagamento do seguro» (*insurance*) *premium*
pagar o pedágio» *to pay toll*
painel» *panel*; *dashboard* (e.g.: *a control/instrument panel*)
painel central» *center console*
painel de instrumentos» *dashboard*; *dash (panel)*; *instrument panel/cluster*
painel de madeira» *walnut dashboard*
painel exterior da porta» *inner door shell*
painel traseiro» *back/rear/tail panel*
pancada» V. batida
pane» *breakdown*
para-brisa» *windshield* AM; *windscreen* BR
para-brisa quebrado» *cracked windshield*
para-choque» *bumper*; *buffer*; *fender* (*buffer* também pode ser algo que amortece como um *airbag*) (e.g.: *The airbag is a buffer between the driver and the steering wheel./ The damage includes a front bumper torn off.*)
para-choque arrebentado» *bumper torn off*
para-choque arrancado» *bumper rip off*
para-lama» *fender*; *wing* BR; *mudguard*; *mud flap*; *splashboard*; *splashguard*
para-lama batido» *dented fender*
para-lama traseiro» *rear fender*
para-sol» *sun visor/shade*
parada (escala em viagens)**»** *stopover* (e.g.: *They had a three-hour stopover in Florida.*)
parada repentina/brusca» *dead stop* (e.g.: *The bus suddenly came to a dead stop.*)
parafuso da roda» *wheel screw*
paralelepípedo» *paving stone*
parar» *to stop*; *to pull up* (e.g.: *The taxi pulled up in front of my house. The driver pulled the car up at the gas station.*)

parar subitamente» *to pull up short* (e.g.: *I had to pull up short because of the motorcycle.*)
parar de funcionar (carro, motor)**»** *to seize up* (e.g.: *The car suddenly seized up due to lack of oil.*)
parar em mão dupla» *to double park*
parar no acostamento» *to pull over*
parquímetro» *parking meter*
parte inferior de veículo» *underbody*
partida ruim com motor quente» *hot start*
passageiro» *passenger*
passageiro clandestino» *stowaway*
passageiro do banco traseiro» *back-seat passenger*
passageiros em pé» *standing passengers*
passageiros sentados» *seating/seated passengers*
passagem de nível» *level crossing* AM; *railroad crossing* BR
passagem de nível (onde a estrada cruza a ferrovia)**»** *grade crossing; level/railway crossing* BR; *railroad/train crossing; road through railroad*
passagem de trem sem necessidade de baldeação e compra de outra passagem» *a through* (*train*) *ticket*
passagem elevada, ponte, cruzamento superior, viaduto» *overpass* AM; *flyover* BR
passagem para pedestre na estrada» (*a pedestrian*) *crossing; crosswalk*
passagem proibida para pedestres» *no thoroughfare*
passagem secundária» *by-pass*
passagem subterrânea» *underpass* AM; *subway crossing* BR
passar a marcha» *to change gear*
passar na contramão à frente de outros veículos» *to pass other cars on the wrong side of the road*
passar o limite de velocidade» *to be over the limit* (e.g.: *I was only 8 kilometers over the limit.*)

passar para uma marcha mais alta» *to shift up to*
passar/passagem pela esquerda/direita» *to pass/ passing on the left/right*
passar/ultrapassar um carro» *to pass a car; to overtake*
passarela» *footbridge; pedestrian bridge*
pastilha de freio» *brake pad*
pastilha de freio gasta» *worn brake pad*
patinar» *to skid* (subst.: *skidding*)
pé de chumbo inf.**»** *speed demon; speeder; heavy foot*
peças de automóvel» *auto*(*mobile*) *parts*
peças de reposição/reserva/sobressalentes» *spare parts*
peças originais de fábrica» *factory-engineered parts*
pedagiar» *to toll* (e.g.: *a tolled road*)
pedágio» (*road*) *toll*
pedágio à frente» *toll ahead*
pedágio eletrônico» *electronic toll collection* (ETC)
pedágio Sem Parar/Via Fácil» *automatic number plate recognition; automatic vehicle identification* (AVI)
pedal» *pedal*
pedal da embreagem» *clutch pedal*
pedal de mudança de marcha (moto)**»** *gearshift lever*
pedal do acelerador/gasolina» *gas/accelerator pedal; accelerator* AM
pedal do freio» *brake pedal*
pé de chumbo» *lead foot*
pedestre (adj.)**»** *pedestrian* (e.g.: *a pedestrian bridge*)
pedestre subst.**»** *pedestrian* (e.g.: *This area is open to pedestrians.*)
pedestre imprudente (que atravessa fora da faixa)**»** *jaywalker*

pedir carona» *to hitchhike*
pegadouro para subir (em caminhão)**»** *grab handle*
pegar (carro, motor)**»** *to catch; to start* (e.g.: *The engine didn't catch first time because of the weather. / My car won't start.*)
pegar fogo (veículo)**»** *to burst into flames*
pegar no tranco» *to pop the clutch*
pendente (chassi)**»** *underslung*
percurso que trem, navio, ônibus etc. fazem regularmente» *shuttle* (e.g.: *A shuttle bus makes the run from Congonhas to Guarulhos Airport.*)
perda total (PT)**»** *total loss; write-off*
permissão para dirigir» *temporary driver's permit*
permissionário (empresas autorizadas para operar linhas de ônibus)**»** *permit's holder*
perua» *station wagon; van; estate car* BR
peso» *weight*
peso bruto do veículo (com carga)**»** *gross vehicle weight (GVW)*
peso bruto do veículo (sem carga)**»** *curb/kerb vehicle*
pifar (a bateria)**»** *to be dead* (e.g.: *Your battery is dead.*)
pigmento» *pigment*
pilotar, guiar» *to drive/steer* (e.g.: *My husband steered while I gave directions.*)
piloto automático» *cruise/speed control; autocruise*
piloto da vez» *designated driver* (escolhido para dirigir dentre um grupo que ingeriu álcool)
pinhão» *pinion*
pino principal de acoplamento cam.**»** *kingpin*
pintura» *painting; paintwork*
pintura metálica» *metallic paint(ing)*
pintura opaca (ficar com)**»** *to go dull*

pintura sólida» *solid paint(ing)*
pisar fundo» *to step on it*
pisar na embreagem» *to engage the clutch*
pisar no acelerador» *to step/tread* BR *on the accelerator*; *to step on the gas*
pisar no breque (com força)**»** *to hit/slam/tread on (the brakes)*
pisca-alerta» *hazard warning lamps*
pisca-pisca» *flashing light*; *flasher*; *indicator*; *turn signal lever* AM
piso de veículo comercial (ex.: ônibus)**»** *deck*
pista» *lane* (v. faixa)
pista de corrida/alta velocidade» *speedway*
pista de decolagem e aterrissagem» *runway*
pista de madeira roliça» *corduroy road*
pista de taxiamento aer.**»** *taxiway*
pista de ultrapassagem» *passing lane*; *outside lane* BR
pista do lado direito/esquerdo» *right-/left-hand lane*
pista dupla» *divided highway* AM; *dual carriageway* BR
pista molhada» *wet road*
pista para tráfego de veículos com duas ou mais pessoas» *car pool (lane)*; *diamond lane*; *HOV lane* (*high-occupancy vehicle lane*)
pista pedagiada» *toll lane*
pista pedagiada (aquela que dá, ao motorista individual, o acesso à pista de maior ocupação/*HOV*)**»** *high occupancy toll* (v. *HOT lanes* nos aspectos culturais)
pista rápida/expressa» *fast/express lane*
pista seca» *dry road*
pista secundária aer.**»** *by-pass taxiway*
pistola de óleo lubrificante» *oil gun*
pistão» *piston*

***pitstop*»** *pitstop*
placa de licença» *license plate* AM; *number plate* BR; *registration/vehicle plate* (Austrália)
placa de sinalização de rua» *street sign*
plataforma de embarque aer.**»** *boarding walkway*
plataforma de passageiros» *passenger platform*
platô» *backing/clutch plate*
pneu» *tire* AM; *tyre* BR
pneu antiderrapante» *non-skid tire*
pneu antifuro» *run flat/pax tires*
pneu baixo» *low tire; underinflated tire* (e.g.: *I think my tires are low.*)
pneu com câmara de ar» *tube tire*
pneu "careca"» *bald tire*
pneu comum» *common tire*
pneu de liga leve» *lightweight aluminum alloy tire; aluminum tire*
pneu diagonal» *diagonal tire*
pneu estourado» *blowout tire*
pneu furado» *flat tire* AM; *punctured tire; flat* inf.
pneu liso» *smooth/slick tire*
pneu na traseira» *rear offside tire*
pneu *off-road*/fora de estrada» *off-road tire*
pneu para inverno» *winter tire*
pneu para neve e lama» *mud and snow tire*
pneu para todas as estações» *all-weather tire*
pneu para todos os terrenos» *all-terrain tire*
pneu para verão» *summer tire*
pneu radial» (steel belted) *radial tire*
pneu recauchutado» *repaired/retread(ed)/recap tire; remould tyre* BR
pneu sem câmara de ar» *tubeless tire*

pneu sobressalente» *spare tire*
pneu usado» *grown tire*
pneu vazando» *slow leak* (e.g.: *There was a slow leak in one of the tires.*)
polia» *pulley*
polir» *to polish*
poluente» *pollutant*
ponte aérea» *shuttle*
ponto de táxi» *taxi rank/stand*
polícia rodoviária» *highway patrol* AM; *road police* BR
ponte» *bridge*
ponte com pedágio» *toll bridge*
ponte de estrada» *highway bridge*
ponte estaiada» *cable-stayed bridge*
ponte fixa» *fixed bridge*
ponte levadiça» *drawbridge*
ponte móvel» *movable bridge*
ponte pedagiada» *toll bridge*
ponte pênsil» *suspension bridge*
ponto cego» *blind/dead spot*
ponto de descarga de caminhões» *detrucking point*
ponto de encaixe do macaco» *jacking point*
ponto de fixação do cinto de segurança» *belt anchorage*
ponto de ônibus» *bus stop*
ponto final» *terminal*; *terminus*
ponto de táxi» *taxi/cab stand* AM; *taxi rank* BR
ponto morto» *dead/neutral point*; *neutral* (*gear*); *coasting* (v. aspectos culturais)
pôr gasolina» *to fill/gas up* (e.g.: *I have to gas up twice a week.*)
pôr/guardar o carro na garagem» *to garage* (e.g.: *a garaged/gar'd car*)

porca da roda» *wheel/lug nut*
porta-bagagem bic.**»** *carrier*
porta-bicicleta» *bike rack*
porta corrediça» *sliding door*
porta entreaberta» *ajar*
porta-objetos (da porta do automóvel)**»** *accessory/door pocket*
porta lateral» *side door*
porta-luvas» *glove compartment/box* AM
porta-malas» *trunk* AM; (*luggage*) *boot* BR
porta traseira de van, caminhão, SUV, que se abre para baixo/cima» *tailgate*
pós-resfriador» *aftercooler*
posto ou restaurante de caminhoneiro» *truck stop* (para comer, pôr combustível, consertar o caminhão)
posto de gasolina» *gas/service station*; *service area* AM; *filling/petrol station* BR
posto de gasolina de autoatendimento» *self-service gas station*
posto de gasolina com diversas bombas» *full-service*
posto de pedágio» *tollbooth*; *tollgate*
potência» *power*
praça de pedágio (com várias cabines)**»** *toll plaza*
preço de tabela» *list price*
preço do carro velho dado como parte do pagamento» *trade-in price*
preço do seguro» *insurance rate*
preço do veículo no varejo colado na janela» *sticker price*
preço por litro/galão» *price per liter/gallon*
preferência de passagem para veículos» *right of way*

preferencial» *main road*
pressão de óleo» *oil pressure*
pressão do pneu» *tire pressure*
pressurizado» *pressurized*
prestar assistência mecânica» *to service* (e.g.: *The car was serviced and is running well.*)
primeira marcha» *first/low gear* (e.g.: *He put the car into first gear and drove off.*)
problema com o motor» *engine trouble/problem*
produção em massa» *mass production*
produto para limpeza e preservação de carro» *car care product*
proibido atravessar a pista» *no through road*
proibido ultrapassar» *no pass*
proteção da parte inferior do veículo» *underbody protection*
protetor de para-choque» *bump(er)-guard* (barras paralelas); *bull bar*; *roo/nudge bar* (Austrália)
protetor do cárter» *skid plate*; *sump guard*
protetor do queixo (capacete de moto)**»** *chin protector*
protetor frontal do carro» *nose protector*; *car/hood/auto bra*; *front-end/hood mask*
prova prática (para guiar em estrada)**»** *road/car test* AM; *test drive*
puxador da porta» *assist grip*

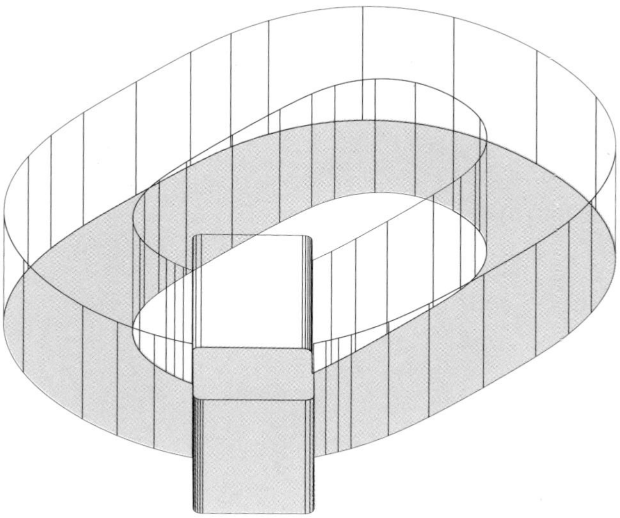

quadrado arredondado» *round square* (*design* de carro)
quadriciclo» *all-terrain vehicle* (*ATV*); *quad* (*bike*); *four wheeler* (também existe *three-wheeler/trike/tricar*)
quantidade de combustível» *amount/quantity of fuel*
quantidade de litros» *volume readout*
Quanto seu carro faz por litro?» *How much does your car consume/use per gallon*?
quarta/quinta marcha» *fourth/fifth gear*
quatro portas» *four-door sedan*
quebra» *breakdown*
quebrar (veículo)**»** *to break down*
queima de óleo» *oil burning*
quilometragem» *mileage*
quilômetros por hora» *kilometers per hour/km/h*
quinta roda» *fifth wheel*

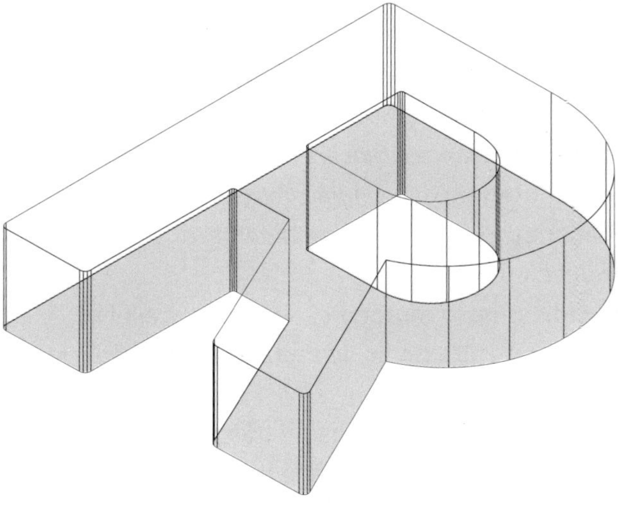

rabear» *to fishtail*
racha» *drag race/racing*
rachadura de pneu/pintura» *weather cracking*
***rack*»** *rack; luggage rack/carrier*
radar» *speed camera*
radar pardal» *speed trap*
radiador» *radiator; rad*
radiador de ar» *intercooler*
radiopatrulha» *squad car*
raio de roda» *spoke*
ramal rodoviário» *branch road*
rampa» *ramp*
rampa de entrada» *on-ramp; entrance ramp*
rampa de saída» *off-ramp; exit ramp*
rampa de transferência» *transfer ramp*
reabastecer (combustível)**»** *to refuel*
rebite» *rivet*
rebocar» *to tow; to haul*
reboque» *tow(ing); towage*
reboque/*trailer* reboque (para transportar veículos, barcos, animais etc.)**»** *trailer*
reboque basculante» *dump trailer*
reboque de caminhão» *truck trailer*
recapeamento» *resurfacing*
recauchutagem» *recapping; retreading*
recauchutar» *to recap; to retread (tires)*
***receiver*»** *receiver*
recondicionar o motor» *to overhaul the engine*
rede de entrada de ar do capacete da moto» *air inlet*
rede interestadual» *interstate network* (estradas que ligam as cidades umas às outras)
redução da direção» *steering ratio*

reduzir a velocidade» *to slow down*
reduzir a marcha» *to shift down to* (e.g.: *She shifted down to fourth.*)
refletor (cam., bic.)**»** *reflector*
refletor de farol» *headlamp reflector*
reforçar» *to beef up* (e.g.: *The ELX model has beefed-up suspension.*)
refrigeração» *cooling*
regulador» *regulator*
regulador de freio» *brake adjuster*
regulador de velocidade» (*speed*) *governor/limiter*
regulagem» *adjustment; adjusting*
regulagem do carburador» *carburetor adjustment*
regulagem do encosto» *adjustment knob*
regulagem do motor» *engine tune-up/regulation*
regular o motor» *to tune up/regulate the engine*
regular (velocidade/temperatura/combustível do motor)**»** *to tune up/regulate the engine*
relê/relé» *relay*
relógio» *clock*
remendo (de pneu)**»** *tire repair*
remendo (de rua, buraco)**»** *patch*
remoldagem» *remolding*
remoldar (pneus)**»** *to remold*
removedor/chave removedora de porca da roda» *wheel nut remover*
RENAVAM (Registro Nacional de Veículos Automotores)**»** *National Registry of Motor Vehicles* equiv.
reservatório» *reservoir*
resfriador» *chiller*
resfriador anterior» *intercooler*
resfriador posterior» *aftercooler*

resgate» *rescue service*
resistência» *resistance*
respiro (da frente do veículo)**»** *breather; cowl*
respiro (do tanque de gasolina)**»** *gasoline tank breather*
restauração de carros» *car restoration*
restrições de tráfego» *traffic restrictions*
retardo» *retard*
restaurante de beira de estrada» *pull up*
retificador» *rectifier*
retificar» *to tune up; to rectify*
retirar de circulação (carros)**»** *to withdraw from circulation* (e.g.: *Old cars were withdrawn from circulation in that poor country.*)
retorno» *U-turn*
retorno proibido» *no U turn*
retrator do cinto de segurança» *belt retractor*
revendedor» *dealership*
revestimento da parte inferior de veículo» *underbody coating*
revisão» *service; overhaul*
revisar» *to service; to tune; to overhaul* (e.g.: *Make a checklist to service your car./ The mechanic overhauled my car's transmission.*)
revisão/manutenção de veículo» *service* (*to service*); *tune-up* (e.g.: *He needs to take his car in for a service./ When was the last time your truck had a service?/ I need a tune-up.*)
revisão geral do motor» *engine overhaul*
ribanceira» *embankment; slope*
riquixá» *rickshaw*
risco (na pintura do veículo)**»** *scratch*
roda» *wheel*

roda bamba (com trepidação)» *shimmy wheel*
roda da corrente bic.» *chain wheel*
roda de liga» *alloy wheel*
roda denteada/dentada, engrenagem» *sprocket (wheel/drive)*
roda dianteira» *front wheel*
roda dupla» *dual wheel*
roda sobressalente cam.» *fifth wheel*
roda traseira» *rear wheel*
roda travada» *locked wheel*
roda única» *single wheel*
rodar em ponto morto/marcha lenta» *to run idle; to tick over* BR
rodízio de carro/veicular» *day without a car; no-car day; no-drive day*
rodízio de pneus» *tire rotation; rotating tires; interchange of tires*
rodoanel» *beltway* AM; *ring road* BR; *by-pass*
rodovia» v. estrada de rodagem
rodovia nacional» *highway* AM; *trunk road* BR
rodovia para grandes velocidades» *speedway*
rolamento» *bearing*
rolamento da embreagem» *clutch bearing*
rolamento do diferencial» *differential bearing*
roleta paulista» ("furar" sinais vermelhos em sequência): *to go through red lights*
Romiseta» *bubble car*
ronco (do motor)» *roar of the engine*
rotação» *revolution*
rotação de marcha lenta» *idle speed*
rotatória» *roundabout* AM; *traffic circle* BR
rotor» *rotor*

roubar carro por farra, só para dar umas voltas» *to joyride* (o crime é *joyriding* e a pessoa é *joyrider*)
roubo de carro» *car/auto theft*
RR» *railroad*
rua» *street* (*St*); *drive* (*Dr*) (e.g.: *1600 Int'l Dr: International Drive*)
rua/beco/via sem saída» *dead end* (*street*); *cul-de-sac*; *no through street*; *close* BR
rua congestionada» *congested street*
rua de mão dupla» *a two-way street*
rua de mão única» *one-direction/one-way/single-way street*
rua movimentada» *busy street*
rua principal» *main/high street*
rua secundária» *side street*
ruela, rua pequena e estreita» *lane*(*way*); *backstreet*
ruído» *noise*

saída cantando pneu» *racing start*
saia do pistão» *piston skirt*
saída de ar quente» *warm air outlet*
saída de estrada» *exit*
sair (veículo)**»** *to move/drive off; to pull out of* (e.g.: *The buses pulled out of the station.*)
sapata do freio» *brake shoe*
sarjeta» *gutter*
Secretaria/Ministério dos Transportes» *Department of Transportation* AM; *Department of Transport/DOT* BR; *Ministry of Transport/MOT* BR
segurança no trânsito» *traffic safety*
seguro (adj)**»** *roadworthy* (e.g.: *Is your vehicle roadworthy?*)
seguro (do carro, veículo, caminhão etc.)**»** (*car, vehicle, truck*) *insurance*
seguro total» *comprehensive insurance*
segunda marcha» *second gear*
selim» *seat; saddle*
selim duplo» *dual seat*
selo/adesivo de deficiente» *disabled parking permit; handicapped permit; disabled badge; "blue badge"* inf.
selo/adesivo de idoso» *senior parking sticker*
semáforo/farol» *traffic lights/signals/lamps; stop-go lights; stop-and-go lights; stoplights; semaphore*
semirreboque cam.**»** *semitrailer*
semirreboque de plataforma cam.**»** *flatbed*
senso de direção» *road sense*
sensor» *sensor*
sensor de estacionamento» *parking sensor*
sentar/querer sentar no banco da frente» *to ride/call shot gun*

sequestro/roubo de carro» *carjacking*
sequestrador de carro» *carjacker*
ser rebocado por outro veículo» *to be given a tow; to be on tow* BR (e.g.: *They gave us a tow to the nearest garage.*)
serviço de socorro/assistência a auto» *road assistance; rescue/breakdown service*
serviço ferroviário rápido (em aeroportos, parques etc.)**»** *railway shuttle service*
serviços automotivos» *automotive services*
serviços de funilaria» *body and fender works/repairs*
setas» *blinkers* AM; *winkers* BR; *turn signals* AM; *indicator lights* BR; *signalling lights; turn lights; turn-signal lamps*
***sidecar*»** *sidecar* (pequeno veículo conjugado com motocicleta para um passageiro extra)
***sider*»** *sider*
silenciador» *muffler* AM; *silencer* BR; *box*
sinal (de ferrovia)**»** *sign*
sinal de parada» *stop sign*
sinal luminoso» *traffic light* (V. semáforo)
sinais de trânsito» *traffic signs*
sinais/placas em estrada para indicação» *signpost* (adj.: *signposted*; e.g.: *The road was clearly signposted.*)
sinal feito com a mão» *hand signal*
sinaleira» V. semáforo
sinalização de estrada» *road sign*
sinistro» *loss; disaster; damage; accident; casualty* (quando há ferimento ou morte de pessoa)
sistema à prova de falhas» *fail*(-)*safe system*
sistema antifurto» *theft-deterrent system; anti-theft system*
sistema de aquecimento, ventilação e ar-condicionado» *HVAC* (*heating, ventilation and air conditioning system*)

sistema de arrefecimento» (*water*) *cooling system*
sistema de áudio/vídeo» *car audio system*; (*in-*)*car entertainment system*; *car multimedia system*
sistema de aviso/alarme (luz acesa, porta aberta)**»** *lights-on reminder* (*buzzer, chime or voice*: campainha, voz)
sistema de breque» *braking system*
sistema de direção» *steering system*
sistema de entrada sem chave» (*remote*) *keyless entry system*
sistema de escapamento» *exhaust system*
sistema de estacionamento automático» *self-parking system*
sistema de ignição» *ignition system*
sistema de ignição/partida sem chave» (*remote*) *keyless ignition system* (*RKI*)
sistema de segurança» *restraint system* (cinto de segurança e *airbag*)
sistema de suspensão» *suspension system*
sistema de transmissão sincronizada» *synchromesh transmission*
sistema de trens para transporte rápido de pessoas numa cidade» *rapid transit* (*system*)
sistema rastreador» *tracking system*
sistema rodoviário» *highway* (*transportation*) *system*; *highway network*
sistema rodoviário interestadual» *interstate highway system*
sistema sonoro» *audio system*
sobremarcha, marcha econômica» *overdrive*
solavanco» *bump*; *jounce*; *jolt*; *jerk* inf.; *kangarooing* inf.
solda» *welding*

soldar» *to weld*
soleira de porta» *door step*
soltar o breque de mão» *to release the handbrake*
som do motor» *sound of the engine*
stock car: *stock car* (carro comum preparado para corridas)
subida» *aclivity; uphill*
subir» *to go up*
subir na calçada (veículo ou pessoa)**»** *to jump the curb*
sucata» *scrap; write-off; junk*
sucatear» *to scrap; to write off* (e.g.: *The vehicle was broken up and destroyed to such an extent that it had to be written off.*)
sujeito a guincho» *towaway zone*
sulco (de pneu)**»** *tire sipe/groove*
superaquecer» *to overheat*
superaquecimento» *overheating; excessive heating*
supercompressor» *supercharger; blower*
suporte da garrafa de água bic.**»** *water bottle clip*
suporte de bateria» *battery bearer*
suporte do selim bic.**»** *seat stay*
suspensão a ar» *air suspension*
suspensão autonivelante» *self-leveling suspension*
suspensão dianteira/traseira» *front/rear suspension*
suspenso» *suspended*

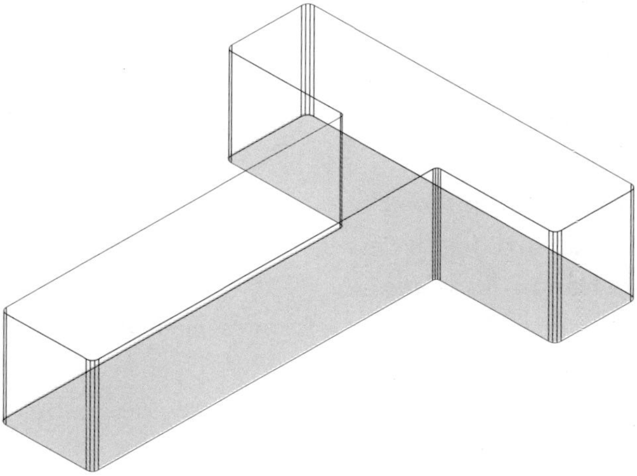

tacógrafo» *tachograph* (mede a velocidade de veículo como caminhão)
tacômetro, conta-giros (mede a velocidade do motor)» *tachometer*; *tach*; *revolution counter*; *rev counter*
tambor» *drum*
tambor da embreagem» *clutch drum*
tambor do freio» *brake drum*
tampa» *cap*; *cover*
tampa da bateria» *battery cover*
tampa (da gasolina etc.)» (*gas*) *cap*; *fuel tank door*
tampa traseira de utilitário» *liftgate*
tampa do distribuidor» *distributor cap*
tampa do porta-malas» *boot lid*
tampa do radiador» *filler cap*
tampa do tanque (carro)» *filler cap*
tampa do tanque (moto)» *gas tank cap*
tampa do tubo do respiro» *breather tube cap*
tampão do porta-malas» *rear shelf*
tanque» *tank*
tanque auxiliar cam.» *auxiliary tank*
tanque de combustível» *gas tank* AM; *petrol tank* BR
tanque do radiador» *radiator tank*
tapar um buraco» *to fill a hole*
tapete» *carpet*; (*floor*) *mat*
tara» *tare*
tarifa (do táxi)» *fare*
tarifa de táxi (fixa)» *flat rate*
Tata Nano» *Tata Nano*
táxi» *cab*; *taxi*; *taxicab* (AM – formal); *minicab* BR; *black cab* BR
táxi com taxímetro (em países não anglófonos)» *metered taxicab*

táxi que se pega fora do ponto» *hackney carriage* BR
taxiar» *to taxi* (movimentar avião na pista)
taxímetro» *taximeter*
tela do respiro» *breather screen*
telefone *handsfree*» *hands-free car phone*
telefone na estrada» *call box* AM; *phone booth* BR
telefone no carro» *car phone*
tentar fazer o motor pegar» *to crank* (e.g.: *Don't crank the engine longer than 60 seconds.*)
terceira marcha» *third gear* (e.g.: *She likes to drive in third gear.*)
ter uma coisa errada com o motor» *there be* sth *wrong with the engine*
terminal de ônibus, trem etc.» (*bus, train*) *terminal*; *terminus* AM
terminal de passageiros» *passenger terminal/terminus*
***test drive*»** *test drive* (pequena distância em que se guia um carro para ver se deseja comprá-lo)
***test drive* na estrada»** *road-test*
testador de bateria» *battery tester*
teste de bafômetro» *breath/brethalyser test*
teste de dosagem etílica» *an alcohol/a breath/a breathlyzer* (*sobriety*) *test*
teste de frenagem» *brake test*
teto» *roof*
teto solar» *sliding* (*sun*)*roof*; *sunroof*; *sky view*; *skylight* (em *trailer*)
tipo de combustível» *type of fuel*
tirar o pé da embreagem» *to disengage the clutch*
tirar racha» *to take part in drag races*
toldo de caminhão» *tarpaulin*
tonalidade/tom» *tonality*

torque» *torque*
tossir/falhar (motor)**»** *to cough*
total a pagar (combustível)**»** *cash readout*
tração» *traction*
tração nas quatro rodas» *four by four; four wheel drive; 4x4 trax; all-wheel drive/steering*
tração nas rodas dianteiras/traseiras» *front-/ rear-wheel drive*
trafegável» *passable*
tráfego/trânsito» *traffic*
tráfego aéreo» *air traffic*
tráfego comercial interditado» *commercial traffic ban* (por exemplo, em ruas onde não entram caminhões de descarga)
tráfego de mão única» *one-way traffic*
tráfego pesado» *congested/heavy (moving) traffic*
tráfego que anda cada vez mais devagar até parar» *to grind to a halt* (e.g.: *The traffic ground to a halt due to an accident with a truck.)*
tráfego que para e anda, para e anda» *stop-start/ stop-and-go (traffic)*
tráfego/ trânsito impedido» *no entry*
tráfego/ trânsito urbano» *city traffic*
tráfego/trânsito desviado» *diverted traffic*
tráfego/trânsito engarrafado» *traffic jam*
tráfego/trânsito interditado» *closed traffic*
tráfego/trânsito lento» *slow moving traffic; sluggish/ crawl traffic*
tráfego/trânsito livre» *clear traffic*
tráfego/trânsito paralisado» (*traffic*) *brought to a standstill* (e.g.: *Heavy snow has fallen and traffic has been brought to a standistill.*)

tráfego/trânsito ruim» *bad traffic*
tráfego/trânsito congestionado» *bumper-to-bumper; bumper traffic*
***trailer*»** *caravan; camping trailer* AM; *mobile home* AM
***trailer* de reboque»** *trailer*
trancar» *to lock*
trancar do lado de fora» *to lock out*
transeunte» *passerby; pedestrian*
transitar pela ponte» *to pass over the bridge*
transmissão» *transmission; tranny* (AM – inf.)
transmissão automática» *automatic transmission*
transmissão contínua» *stepless transmission*
transmissão continuamente variável» *continuously variable transmission* (CVT)
transmissão eletrônica» *electronic transmission*
transmissão manual» *manual transmission* (de cinco marchas**»** *five-speed manual transmission*)
transmissão mecânica» *mechanical transmission*
transmissão não sincronizada» *unsynchronized transmission*
transmissão semiautomática» *semiautomatic transmission*
transmissão sincronizada» *synchronized transmission*
transportadora» *carrier*
transporte aéreo» *air transport*
transporte coletivo (sistema de ônibus, trens etc. em uma determinada cidade ou área)**»** (*mass*) *transit* (também se usa *transportation*) (e.g.: *Their mass transit system is one of the oldest in the country.*)
transporte de carga» *haul*
transporte de longa distância» *long haul*
transporte em caminhão» *trucking*

transporte em caminhão de carga» *truckeage*
transporte ferroviário» *rail transport*
transporte público» *public transport/transportation/ transit; mass transit*
transporte rodoviário» *road transport*
traseira de veículo» *rear*(-)*end*
traseiro» *rear*
traslado» *transfer*
trator» *tractor*
trava antirroubo» *anti-theft lock*
trava automática (sistema de)**»** *automatic lock* (*system*)
trava da direção» *steering lock*
trava da porta» *door lock*
trava de pneu/roda (antirroubo)**»** *tire lock*
trava de pneu (colocada pela polícia em estacionamento proibido)**»** *wheel clamp; yellow boot/shoe; Denver boot* AM
trava de segurança para crianças» *childproof lock*
trava do cinto de segurança» *safety belt grabber*
trava/fechadura do porta-malas» *trunk lid lock*
trava elétrica: *central locking; power* (*door*) *lock,* (*all-door*) *remote keyless entry system; eletric lock*
trava nas rodas» *lock*
travamento do freio» *grab*
travessa» *cross street; by-street; alley*
travessia/trânsito de pedestres» *passing of pedestrians; pedestrian crossing* BR (V faixa de pedestre)
travessia fora da faixa» *jaywalking*
trecho de estrada onde se deve guiar devagar» *slow road*
trecho em aclive» *benched road*
trem-bala» *high-speed/bullet train*

trem do metrô» *subway train*
trem expresso» *express/fast train; high speed train/ rail (HST)*
treminhão» *road train*
trepidação» *wobble; chatter*
trepidação da embreagem» *clutch chatter*
trepidação da roda» *wheel flutter/tramp*
trepidação do freio» *shudder*
trepidar» *to wobble; to chatter*
trevo (de estrada de rodagem)**»** *cloverleaf; interchange*
tribunal para infrações de trânsito» *traffic court*
triciclo» *tricycle*
trinco da porta» *door handle; latch*
trilha/vereda/caminho» *track; trail*
trilho de bonde» *tramline; tramway* BR
trilho de trem» *rail*
trilho de deslize (para deslocar o banco do automóvel)**»** *sliding rail*
trinco interior da porta» *interior door handle*
trio elétrico» *remote keyless entry system, power locks and power windows*
troca de óleo/filtro» *oil/filter change* (e.g.: *I need an oil change.*)
troca de pneu» *tire change*
trocar a marcha» *to change gear*
trocar o óleo/filtro» *to change the oil/filter*
trole, bonde, vagonete» *trolley (car)*
trólebus» *trolleybus*
tubo de admissão» *intake manifold; inlet pipe*
tubo de escape» *exhaust pipe/manifold*
tubo do pedal bic.**»** *down tube*
tubo do radiador» *radiator hose*

tubo do selim bic.**»** *seat tube*
tubulação do freio» *brake line*
turbina do compressor» *compressor turbine*
turbina de transmissão» *driving turbine*
turbocompressor» *turbocharger*
tunar o carro» *to tune (up) the car*
túnel» *tunnel; underpass*

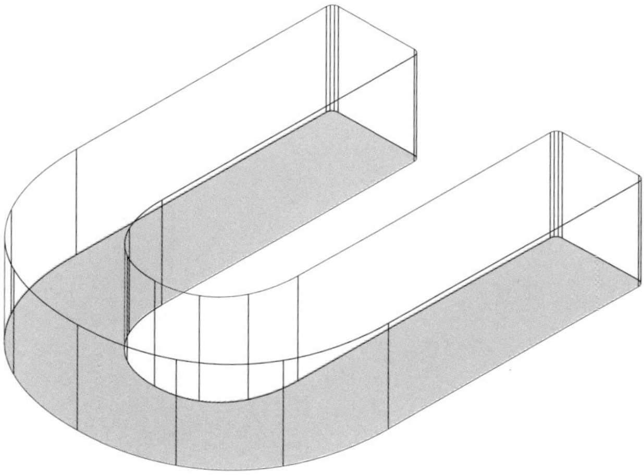

ultrapassar» *to overtake*; *to surpass*; *to leave behind*
unidade de refrigeração» *refrigeration unit*
usar gasolina no carro» *to run one's car on gas*
(e.g.: *He only runs his car on gas.*)

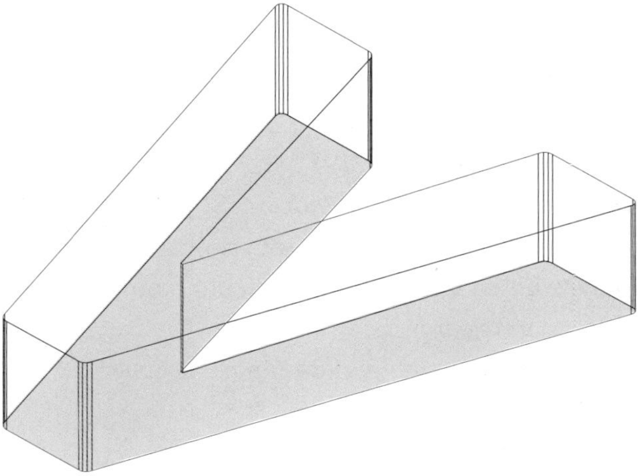

vácuo» *vacuum*

vaga, lugar (para estacionar)**»** (*parking*) *spot/space*; *parking bay* BR

vaga para deficiente» *handicapped spot*; *disabled parking place* BR

vaga para idoso» *senior parking spot/lot*

vagão de operários em trem de carga» *caboose*

vagão de primeira/segunda/terceira classe» *a first/second/third-class coach*

vagão de carga» *boxcar*; *freight car*

vagão de passageiros» *passenger/coach car*

vagão de trem» *railway coach*

vagão-leito» *sleeping car*

vagão para fumantes» (*smoking*) *car* AM; *smoking compartment* BR (e.g.: *a seat in smoking car./ On some trains the number of smoking seats have halved.*)

vagão-plataforma» *flat car*

vagão-restaurante» *buffet/dining car* AM; *restaurant car* BR

valeta» *ditch*

valeta de enxurrada» *gutter*

válvula de admissão» *inlet valve*

válvula de enchimento bic.**»** *tire valve*

válvula de escape» *exhaust valve*

válvula de pneu» *tire valve*

***van*»** *van*; *camper van* (*trailer* para acampar)

***van* de entregas»** *delivery/box van*

vão livre entre a cabeça e o teto do carro» *headroom*

vão livre entre o topo de um veículo e uma ponte» *headroom*; *clearance*

vareta medidora de nível de óleo» *oil gauge dip stick*

vazamento» *leak*

vedação» *gasket*

veículo» *vehicle*
veicular» *vehicular*
veículo automotivo/automotor» *automotive vehicle*
veículo de carga pesada» *heavy goods vehicle*
veículo com direção do lado direito» *right-hand drive* (*RHD*)
veículo com direção do lado esquerdo» *left-hand drive* (*LHD*)
veículo com emissão zero de gás» *zero-emission vehicle* (*ZEV*)
veículo de seis rodas» *six-wheel drive*
veículo de três rodas» *three-wheeler*
veículo lento» *crawler* inf.
veículo para terra, montanha, deserto etc.» *off-road/cross-country vehicle*
veículo para todo tipo de terreno/fora da estrada» *all-terrain vehicle* (*ATV*)
veículo rebocador» *towing vehicle*
vela de ignição» *spark plug*
velocidade» *speed; velocity*
velocidade alta» *high speed*
velocidade baixa» *low speed*
velocidade excessiva» *excessive velocity; speeding; over speeding*
velocidade máxima» *maximum/top speed* (e.g.: *That model has a top speed of 230 miles per hour.*)
velocidade na estrada» *road speed*
velocímetro, tacômetro» *speedometer; speedo* (BR – inf.)
velocímetro analógico» *analog speedometer*
velocímetro digital» *digital speedometer*
veloz» *speedy; fast*
ventilação» *ventilation*

ventilador cam.**»** *vent door*
ventoinha» (*cooling*) *fan*
vereda/trilha para pedestres» *foothpath*
vereda/trilha para caminhantes, ciclistas, pessoas a cavalo etc» *bridal path/way/road*
verificar os freios» *to test the brakes*
versão manual» *manual version*
vespa» *scooter; moped*
via de acesso» *access road* AM; *slip*(-)*road* BR
via expressa» *way: express way; freeway* AM; *interstate highway* AM; *motorway* BR
via férrea» *track; railway*
via lateral» *side lane*
via pública/principal» *thoroughfare; thorough street* (e.g.: *There's a lot of traffic on the town's main thoroughfare.*)
via preferencial» *arterial highway; yield; priority road*
via que é saída de estrada» *off ramp*
viaduto» *viaduct* (geralmente uma ponte comprida atravessando um vale, como o Viaduto do Chá); *by-pass; overpass* AM; *flyover* BR
viajar clandestinamente» *to stow* (*away*)
viajar de carona» *to hitch*(*hike*)
viagem longa de carro: *road trip*
vida útil» *service life*
vidro» *window*
vidro automotivo» *automotive window*
vidro elétrico» *power/electric window* (*ew*)
vidro defletor traseiro» *quarter window*
vidro *fumé*» *tinted glass; t/glass*
vidro laminado» *laminated glass*
vidro lateral traseiro» *quarter glass*

vidro manual» *manual operated window; wind-up window*
vidro traseiro» *rear window*
virabrequim» *crankshaft*
virar» *to turn* (e.g.: *She turned the car towards the road./ The road turns sharply to the right.*)
virar à esquerda/direita» *to turn left/right*
virar a esquina» *to turn the corner; to corner*
viscosidade» *viscosity*
viscoso» *viscous*
viseira (do capacete)**»** *visor*
voar (o carro)**»** *to speed away*
volante» (*steering*) *wheel*
volante do motor» *flywheel*
volante retrátil» *retractable wheel*
volatividade» *volatility*
voltar (veículo)**»** *to turn around* (e.g.: *The truck turned around and came back.*)
vrumm (barulho de veículo indo rápido)**»** *vroom*
VUC – veículo urbano de carga (cam.)**»** *van; utility truck*
vulcanização» *vulcanization*

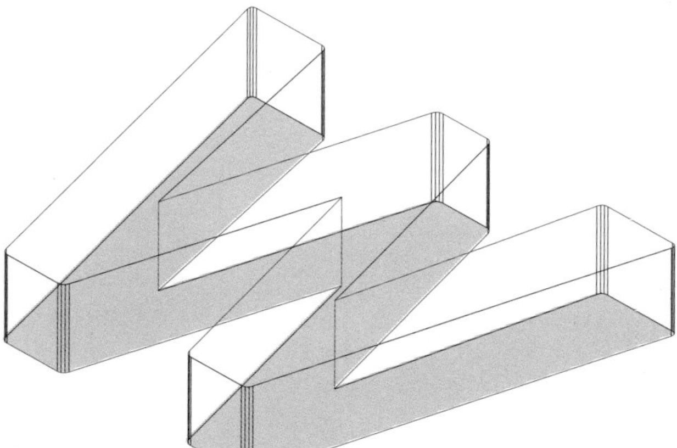

Winnebago (trademark)» grande veículo rodoviário para dormir quando se está viajando

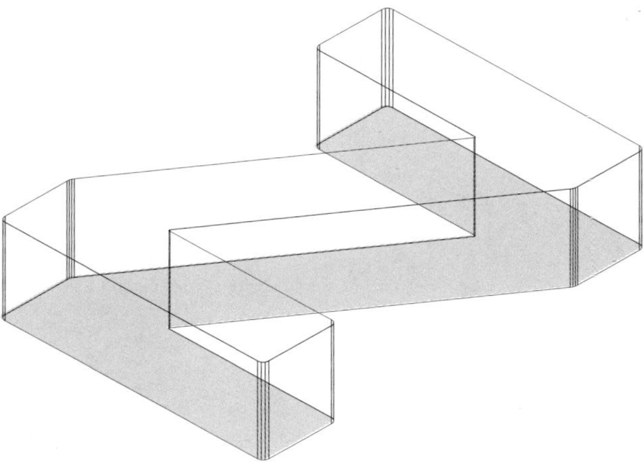

zerar o hodômetro (ato de)» *clocking*

zerinho (manobra)» *doughnut/donut*

zona azul (de estacionamento)» *metered area*; *parking-meter zone*

zona de policiamento contra excessos de velocidade» *speed trap*

zona-morta (campo visual neutro)» *blind spot*

ÍNDICE REVERSO

a first/second/third-class coach» vagão de primeira/ segunda/terceira classe
a hit-and-run (accident)» acidente com evasão do motorista culpado
a through (train) ticket» passagem de trem sem necessidade de baldeação e compra de outra passagem
a two-way street» rua de mão dupla
ABS (antilock braking system)» frenagem de emergência; sistema de frenagem/ travagem
ABS brakes» freios ABS
acceleration» aceleração
acceleration lane» faixa de aceleração
accelerator* AM*» pedal do acelerador/ gasolina; acelerador inf.
accelerator pedal» pedal do acelerador/gasolina
access road* AM*» via de acesso; estrada local
accessories» acessórios
accessory/door pocket» porta-objetos (da porta do automóvel)
accident» acidente; desastre; sinistro
accommodation» lotação (número de passageiros)
accomodations» compartimento de bagagens (ônibus, trem)
accordion bus» ônibus articulado/sanfona
accumulator» acumulador
aclivity» subida
adapted car» carro adaptado

adherence» aderência
adjustable» ajustável
adjustable seat» banco regulável
adjusting» regulagem
adjusting device» dispositivo de regulagem
adjustment» regulagem
adjustment knob» regulagem do encosto
aftercooler» pós-resfriador; resfriador posterior
air brake» freio a ar/pneumático
air circulator» circulador de ar
air cleaner/filter» filtro de ar
air conditioner compressor» compressor do ar-condicionado
air conditioning/conditioner (AC)**»** ar-condicionado
air cushion» bolsa de ar
air horn» buzina de ar
air inlet» rede de entrada de ar do capacete da moto
air pump» bomba de ar
air suspension» suspensão a ar
air traffic» tráfego aéreo
air transport» transporte aéreo
airbag» *airbag*
airfoiler/aerofoil» aerofólio (mais para aviões)
air-fuel mixture» mistura ar-combustível
airplane accident» acidente de avião
airplane wreck» acidente de avião
air-pressure brake» freio de ar comprimido
ajar» porta entreaberta
al fresco driving» dirigir com a capota abaixada
alcohol engine» motor a álcool
alcohol level» nível etílico
alcohol/ethanol fuel» álcool combustível

alcohol motor» motor a álcool
alienated» alienado
(*all-door*) *remote keyless entry system*» trava elétrica
alley(*way*)» travessa; beco
alloy wheel» roda de liga
all-terrain tire» pneu para todos os terrenos
all-terrain vehicle (ATV)» quadriciclo; veículo para todo terreno/fora da estrada
all-weather tire» pneu para todas as estações
all-wheel drive/steering» tração nas quatro rodas
alternate load» carga alternada
alternator» alternador
alternator warning light» luz de advertência do sistema de carga da bateria
aluminum tire» pneu de liga leve
amount/quantity of fuel» quantidade de combustível
amperage» amperagem
an alcohol/a breath/a breathlyzer (*sobriety*) *test*» teste de dosagem etílica
analog speedometer» velocímetro analógico
anchor pin» eixo de apoio
angle/echelon parking BR» estacionamento em ângulo
anti-corrosion» anticorrosão
anti-corrosive» anticorrosivo
anti-dazzle» antiofuscante
anti-dazzle light» luz baixa
anti-rust oil» óleo antiferrugem
anti-theft alarm» alarme antifurto
anti-theft lock» trava antirroubo
anti-theft system» sistema antifurto
anti-vibrator spring» mola amortecedora de trepidação

apron» área de manobra/tráfego aer.
armor» blindagem
armored» blindado
armored car» carro blindado; carro-forte
armoring» blindagem
armrest» apoio do braço (banco/porta)
arterial highway» rodovia preferencial
articulated bus» ônibus articulado/sanfona
articulation» articulação (do para-brisa)
ashtray» cinzeiro
asphalted road» estrada asfaltada
assembly» montagem
assist grip» puxador da porta
audio system» sistema sonoro
authorized dealer» concessionária
auto bra» protetor frontal do carro
autocruise» piloto automático
automatic** (car)**» carro automático
automatic gear» câmbio automático (v. aspectos culturais)
automatic headlights» acendimento automático
automatic ignition system» acendimento automático
automatic lock** (system)**» trava automática (sistema de)
automatic number plate recognition» pedágio Sem Parar/Via Fácil
automatic transmission» transmissão automática
automatic vehicle identification** (AVI)**» pedágio Sem Parar/Via Fácil
automobile» automóvel; carro
automobile antenna AM**»** antena (de rádio)
automobile business» compra e venda de automóveis

auto(mobile) parts» peças de automóvel
automotive» automotivo
automotive services» serviços automotivos
automotive vehicle» veículo automotivo/automotor
(*auto repair*) *shop* AM» oficina
auto theft» roubo de carro
autotowing (*services*)» guincho (serviço de)
auxiliary light» farol auxiliar
auxiliary tank» tanque auxiliar cam.
avenue (Ave)» avenida
average consumption» consumo médio
axial» axial
axis» eixo
axle» eixo

B

baby carrier» cadeira de bebê/infantil para auto
baby seat» cadeira de bebê/infantil para auto
back axle» eixo traseiro
back of seat» encosto do assento
back seat» banco traseiro
back up» marcha à ré
back-gearing» engrenagem de marcha à ré
back panel» painel traseiro
back seat» assento/banco traseiro
back window» janela traseira
backing plate» platô
backlash» folga na direção
back-light» luz traseira adicional
backrest» encosto

***back-seat passenger*»** passageiro do banco traseiro
***backstreet*»** ruela; rua pequena e estreita
***back-up alarm*»** alarme de marcha à ré
***backup/reverse/reversing light/lamp*»** luz de ré
***back-up light*»** farol/luz de marcha à ré
***back-wheel brake*»** freio de ação sobre as rodas traseiras
***bad traffic*»** tráfego/trânsito ruim
***baggage boot*»** bagageiro
***baggage check-in counter*»** balcão de controle de bagagem aer.
***baggage claim area*»** área de retirada de bagagens aer.
***baggage compartment*»** compartimento de bagagens (ônibus, trem)
(***baggage***) ***lockers*»** guarda-volumes
***baggage rack*»** bagageiro
***bald tire*»** pneu "careca"
***balky engine*»** motor difícil de pegar ou falhando
***band*»** banda de rodagem
***band brake*»** freio de lona
banger inf.**»** carro velho e em más condições
bank AM**»** margem da estrada
***banana bus*»** ônibus articulado/sanfona
***base*»** estrutura (estrada)
basket case inf.**»** carro detonado
***battery*»** bateria
***battery bearer*»** suporte de bateria
battery box cam.**»** caixa da bateria
***battery cable*»** cabo de bateria
***battery capacity*»** capacidade de amperagem da bateria
***battery case*»** caixa da bateria
***battery charge indicator*»** luz de advertência do sistema de carga da bateria

***battery charger*»** carregador de bateria
***battery charging clip*»** grampo para carga de bateria
***battery charging*»** carga da bateria
***battery checker*»** aparelho de teste de bateria; testador de bateria
***battery compartment*»** compartimento da bateria
***battery cover*»** tampa da bateria
***battery discharge controller*»** luz de advertência do sistema de carga da bateria
***battery discharge indicator*»** luz de advertência do sistema de carga da bateria
***battery fluid*»** fluido da bateria
***battery state indicator*»** luz de advertência do sistema de carga da bateria
***battery tester*»** aparelho de teste de bateria; testador de bateria
***beam*»** farol (de carro)
***bearing*»** rolamento; mancal
***bearing axle*»** eixo do mancal
Beema inf.**»** BMW
***Beemer*»** BMW
***Beetle*»** Fusca
***belt anchorage*»** ponto de fixação do cinto de segurança
***belt buckle*»** fivela do cinto de segurança
***belt retractor*»** retrator do cinto de segurança
***belt slash*»** folga no cinto de segurança
beltway AM**»** rodoanel
(***bench***) ***seat*»** assento
***benched road*»** trecho em aclive
***bend*»** curva
***bendy bus*»** ônibus articulado/sanfona
***bicycle path*»** ciclovia

bicycle pump» bomba de ar bic.
(*bi*)*cyclist*» ciclista
bike» motocicleta (esp. a pequena)
bike lane» ciclovia; faixa de bicicleta
bike rack» porta-bicicleta
biker» ciclista; motociclista
biofuel» biocombustível
black box» caixa preta
black cab BR» táxi
Black Maria» camburão
blind corner» curva sem visibilidade
blind spot» zona-morta (campo visual neutro); ponto cego
blinding» ofuscamento
blinkers AM» setas
blister» bolha na pintura
blocker» bloqueador
blood alcohol concentration» nível etílico; conteúdo de álcool no sangue
blood alcohol content» nível etílico; conteúdo de álcool no sangue
blood ethanol concentration» nível etílico; conteúdo de álcool no sangue
blow» batida; pancada
blower» supercompressor
blowout» estouro de pneu
blowout tire» pneu estourado
blue badge inf.» selo/adesivo de deficiente
board computer» computador de bordo
boarding walkway» plataforma de embarque aer.
boardwalk» calçadão (esp. na praia)
body» carroceria do automóvel/caminhão; mostrador da bomba de gasolina

body and fender works/repairs» serviços de funilaria
body shop» funilaria; oficina de consertos (esp. depois de acidente)
body side molding» filete/friso lateral (do automóvel)
body work» funilaria (serviço); lataria
bonnet BR**»** capô
bonnet release» alavanca do capô
bonnet stay» haste do capô
booking hall» local de compras de passagens
boost» chupeta
boost*(er) *charge» carga de reforço de bateria
booster battery» bateria auxiliar (para fazer a "chupeta")
boot handle» maçaneta do porta-malas
boot lid» tampa do porta-malas
bottle jack» macaco (macaco hidráulico em forma de garrafa)
bottleneck» afunilamento de estrada
boulevard (Blvd)**»** alameda
boxcar» vagão de carga
box van» *van* de entregas
brake» freio
brake adjuster» regulador de freio
brake adjustment» ajuste do freio
brake cable» cabo do freio bic.
brake caliper» estribo do freio (moto)
brake disk/disc» disco de freio
brake drum» tambor do freio
brake failure» falha no freio
brake fluid» fluido do breque
brake hose» mangueira do freio
brake lever» alavanca do freio bic.
brake light» luz de freio (dentro do carro)

***brake line*»** tubulação do freio
***brake lining/facing*»** lona de freio
***brake oil*»** óleo do freio
***brake pad*»** almofada do freio; pastilha de freio
***brake pedal*»** pedal do freio
***brake shaft*»** eixo do freio
***brake shoe*»** sapata do freio
***brake test*»** teste de frenagem
***braking*»** frenagem; freada
***braking system*»** sistema de breque
***branch road*»** ramal rodoviário
***brand new car*»** carro em ótimo estado
***Brazil Regional District of Traffic* equiv.»** CIRETRAN/ Circunscrição Regional de Trânsito
***breakdown*»** quebra; pane; falha; enguiço; avaria
***breakdown service*»** serviço de socorro/ assistência a auto
***breakdown vehicle*»** guincho
***breakup*»** estrago
***breath test*»** teste de bafômetro
***breathalizer (test)*»** (teste de) bafômetro
***breather screen*»** tela do respiro
***breather*»** respiro (da frente do veículo)
***breather tube cap*»** tampa do tubo do respiro
***bridal path*»** vereda/trilha para caminhantes, ciclistas, pessoas a cavalo etc.
***bridal road*»** vereda/trilha para caminhantes, ciclistas, pessoas a cavalo etc.
***bridal way*»** vereda/trilha para caminhantes, ciclistas, pessoas a cavalo etc.
***bridge*»** ponte
***brights*»** farol alto

bubble» casco do capacete (moto)
bubble car» Romiseta
bucket» caçamba
bucket loader» carregadeira/escavadeira
bucket seat» assento/banco dianteiro
buckle» fecho do cinto de segurança
buffer» amortecedor (de choque); batente de estrada de ferro; para-choque
buffet/dining car AM» vagão-restaurante
buggy» ***buggy***
bulkhead» anteparo cam.
bull bar» protetor de para-choque
bulldozer» escavadeira/trator
bullet-proof car» carro blindado
bullet train» trem-bala
bump(er)-guard» protetor de para-choque (barras paralelas)
bump» batida; choque; solavanco; pancada
bumper» para-choque
bumper rip off» para-choque arrancado
bumper sticker» frase colada com mensagem engraçada, política ou religiosa em para-choque, na traseira ou vidro do veículo
bumper-to-bumper» tráfego/trânsito congestionado
bumper torn off» para-choque arrebentado
bumper traffic» tráfego/trânsito congestionado
bumpy road» estrada esburacada
burning» combustão
burnout» borrachão/fritada
burnt oil» óleo queimado
burst» estouro de pneu
bus» ônibus

bus berth» ônibus-leito
bus driver» motorista de ônibus
bus lane» corredor de ônibus; faixa de ônibus
bus line» linha de ônibus
bus stop» ponto de ônibus
(*bus, train*) *terminal*» terminal de ônibus, trem etc.
busy road» avenida/estrada movimentada/lotada
busy street» rua movimentada
bypass» marginal (avenida); passagem secundária; rodoanel; viaduto
by-pass taxiway» pista secundária aer.
byroad» estrada secundária
by-street» travessa
by-way road» estrada vicinal

C-4 system (*computer-controlled catalytic converter*)» conversor catalítico controlado por computador
cab» cabine do caminhão; táxi
cab driver» motorista de táxi; taxista
cab stand AM» ponto de táxi
cabbie» motorista de táxi; taxista
cabby» motorista de táxi; taxista
cable» cabo
cable car» bonde
cable-stayed bridge» ponte estaiada
caboose» vagão de operários em trem de carga
cabriolet» cabriolé
calibration» calibração

*calibrator***»** calibrador

call box AM**»** telefone na estrada

*camber***»** cambagem

*camper van***»** *van* (*trailer* para acampar)

camping trailer AM**»** *trailer*

camshaft:**»** (eixo) comando de válvula

*cap***»** tampa

*capacity***»** carga útil máxima; lotação (número de passageiros)

*capacity of fuel tank***»** capacidade do tanque de combustível

*car***»** automóvel; carro

car aerial BR**»** antena (de rádio)

*car alarm***»** alarme de carro

*car audio system***»** sistema de áudio/vídeo

*car bra***»** protetor frontal do carro

*car burglar***»** ladrão de objetos dentro de veículo

*car cap***»** capa para carro

*car care product***»** produto para limpeza e preservação de carro

*car carrier truck***»** caminhão-cegonha

*car cover***»** capa para carro

*car dealer***»** concessionária

*car features***»** características do carro

*car hood***»** protetor frontal do carro

car jacker (subst.: *car jacking*)**»** ladrão de carros (com a pessoa dentro)

*car lane***»** pista para tráfego de veículos com duas ou mais pessoas

*car licensing***»** licenciamento

*car model***»** modelo de carro

*car multimedia system***»** sistema de áudio/vídeo

car park BR**»** área/local de estacionamento
*car parking***»** área de estacionamento
*car phone***»** telefone no carro
*car pool***»** pista para tráfego de veículos com duas ou mais pessoas; carona programada/solidária
*car registration***»** certificado de registro de veículo (CRV)
*car restoration***»** restauração de carros
*car sick***»** enjoado em carro
*car shop***»** concessionária
car test AM**»** prova prática (para guiar em estrada)
*car thief***»** ladrão de carros
*car vinyl decal***»** decalque de vinil para carro
*car wash***»** lavagem de carro
*car theft***»** roubo de carro
*car/road/vehicle tax***»** IPVA
*car accident***»** acidente de carro
*car seizure***»** apreensão do carro/veículo
*car wreck***»** acidente de carro
*caravan***»** ***trailer***
*carburet(t)or***»** carburador
*carburetor adjustment***»** regulagem do carburador
*cardan***»** *cardan*
*cardan axle***»** eixo *cardan*
*cargo area***»** área de carga (espaço interior de veículo utilitário)
*carjacker***»** sequestrador de carro
*carjacking***»** sequestro/roubo de carro
*car lock***»** fechadura da porta
*carousel***»** esteira/tapete rolante (bagagem)
*carpet***»** tapete
carriageway/carriage way BR**»** autoestrada
*carrier***»** porta-bagagem bic.; transportadora

***cash readout*»** total a pagar (combustível)
***caster/castor*»** cáster
***caster angle*»** ângulo de cáster
***castor oil*»** óleo de mamona
***casualty*»** sinistro (quando há ferimento ou morte de pessoa)
cat's back AM**»** lombada
***caterpillar bus*»** ônibus articulado/sanfona
cement truck AM**»** betoneira
cement-mixer BR**»** betoneira
***center console*»** painel central
***center lane*»** faixa/pista do meio
***center post*»** coluna da porta
***central barrier*»** canteiro central
***central locking*»** trava elétrica
central reservation BR**»** ilha (estreita faixa que separa os dois lados de uma estrada); canteiro central
***certificate of roadworthiness*»** certidão da placa do veículo para fins de seguro, judicial e compra e venda (V aspectos culturais)
***chain*»** corrente
***chain wheel*»** roda da corrente bic.
***chain stay*»** eixo da corrente bic.
***chain guide*»** guia da corrente bic.
charged battery: bateria carregada
***chassis*»** chassi
***chatter*»** trepidação
***check point*»** batida policial no trânsito
***checkered/chequered flag*»** bandeira xadrez ou quadriculada (fim de corrida)
***Chevy*»** Chevrolet
***chicane*»** barreira móvel

child carrier» cadeira de bebê/infantil para auto
child safety» cadeira de bebê/infantil para auto
childproof lock» trava de segurança para crianças
chiller» resfriador
chin protector» protetor do queixo (capacete de moto)
chock» calço (no pneu)
choke(r)» afogador
choke» afogamento
choked» afogado
chop shop» desmanche (de carros)
circuit breaker» disjuntor
city car» carro compacto
city circle tram» bonde circular da cidade
city traffic» tráfego/trânsito urbano
city/highway fuel consumption» consumo de combustível na cidade/estrada
clear traffic» tráfego/trânsito livre
clearance» folga; vão livre entre o topo de um veículo e uma ponte
climate control» controle de temperatura
clock» relógio
clocking» zerar o hodômetro (ato de)
close BR**»** rua/beco/via sem saída
closed traffic» tráfego/trânsito interditado
cloverleaf» trevo (de estrada de rodagem)
clutch» embaçar; embreagem
clutch bearing» rolamento da embreagem
clutch chatter» trepidação da embreagem
clutch disk/disc» disco da embreagem
clutch dog» dente da embreagem
(clutch) drag» falha no engate da marcha
clutch drive» acionamento da embreagem

clutch drum» tambor da embreagem
clutch housing» caixa da embreagem
clutch lever» alavanca da embreagem (moto)
clutch pedal» pedal da embreagem
clutch plate» platô
clutch throwout» desacoplamento da embreagem
coach» ônibus (para viagens mais longas)
coach box» boleia
coach car» carro/vagão de passageiros
coach man» cocheiro
coaster brake» freio contrapedal bic.
coasting» desaceleração natural de um motor; ponto morto (v. aspectos culturais)
coat of painting» camada de tinta
cockpit» *cockpit* (cabine do piloto)
co-driver» navegador (rally)
cog belt» correia dentada
cold air inlet» entrada de ar frio
collector's car» carro de colecionador
collision damage waiver (CDW)» cláusula de cobertura por colisão (ao alugar um carro)
collision» acidente; batida; choque; colisão; desastre
combustion» combustão
combustion chamber» câmara de combustão
commercial driver licence» habilitação profissional
commercial traffic ban» tráfego comercial interditado
common tire» pneu comum
compact» carro compacto
company car» carro da empresa
compensating axle» eixo compensador
comprehensive insurance» seguro total
compressed air brake» freio de ar comprimido

compression» compressão
compressor turbine» turbina do compressor
concealed headlight» farol escondido
concertina» engavetamento
concrete mixer» betoneira
conductor» cobrador de ônibus
congested street» rua congestionada
congested traffic» tráfego pesado
connecting rod» biela
connector» conector
contact» contato
continuously variable transmission (CVT)» transmissão continuamente variável
control cable» cabo de comando bic.
control tower cab» cabine da torre de controle aer.
controlled car» carro com controle de emissão de gases
convertible model» modelo conversível
convertible/detachable top» capota removível (para carro conversível)
convertible» carro conversível
conveyor belt» esteira/tapete rolante (bagagem)
convoy» comboio
coolant» líquido de arrefecimento
cooling» refrigeração
(*cooling*) *fan*» ventoinha
corduroy road» pista de madeira roliça
corrosion» corrosão
corrosion» oxidação
corrosion-proof» à prova de corrosão
cost option» acessórios para carros com custo adicional
countdown timer» contador de tempo (para farol)

counter» tacômetro, conta-giros (mede a velocidade do motor)
coupé» cupê
coupling» acoplamento
coupling» conexão
courtesy light» luz interior
cover» tampa
cowl» respiro (da frente do veículo)
cracked windshield» para-brisa quebrado
crank axle» eixo de manivela
crank» manivela **bic.**
crankshaft» virabrequim
crash» acidente; batida; choque; colisão; desastre; engavetamento
crash barrier **BR**» cerca de proteção; mureta
crash helmet» capacete (**bic.**, moto)
crash proof» à prova de acidentes
crash recorder» caixa preta
(crash test) dummy» boneco de testes
crashed car» carro batido
crate» carro velho e em más condições; lata-velha
crawl traffic» tráfego/trânsito lento
crawler **inf.**» veículo lento
crawler gear» marcha muito lenta (para *off-road*)
crawler lane **BR**» faixa para veículos lentos
crease» amassado **subst.**
credentials» documentos (do carro, do motorista)
crew cab» cabine dupla (picape)
cross-country vehicle» veículo para terra, montanha, deserto etc.
cross road» estrada transversal
cross shaft» eixo transversal

cross street» travessa

crossbar» barra transversal bic.

crossing» cruzamento

cross-intersection BR» cruzamento; intersecção; encruzilhada

crossroad» encruzilhada

crossroads BR» cruzamento/intersecção/encruzilhada

crosswalk AM» faixa (de segurança) para pedestres (apenas a faixa pintada na rua); passagem para pedestre na estrada

crown wheel» coroa da roda

cruise control» piloto automático

cul-de-sac» rua; beco; via sem saída

curb AM» meio-fio

curb/kerb vehicle» peso bruto do veículo (sem carga)

curbstone» meio-fio

current» corrente elétrica

curve» curva

cylinder» cilindro

cylinder head» cabeçote

cylinder capacity» cilindrada

D

damage» avaria; dano; sinistro

damaged battery» bateria avariada

damper» amortecedor (de choque)

dangerous driving» condução/direção perigosa

dash (panel)» painel de instrumentos

dashboard» painel (de instrumentos)

day without a car» rodízio de carro/veicular

***dazzle*»** luz alta e ofuscante
***dazzling*»** ofuscamento
***dead battery*»** bateria arriada
***dead end* (*street*)»** rua/beco/via sem saída
***dead engine*»** motor parado
***dead pedal*»** descanso de pé
***dead spot*»** ponto cego
***dead stop*»** parada repentina/brusca
***dead point*»** ponto morto
***dealer* (dlr)»** fornecedor
***dealership*»** revendedor
***decal*»** decalque
***deceleration*»** desaceleração
***deceleration lane*»** faixa de desaceleração
***deck*»** piso de veículo comercial (ex.: ônibus)
***declivity*»** descida
***dedicated accessories*»** acessórios dedicados
***defect*»** defeito
***defective battery*»** bateria defeituosa
***defensive driving*»** direção defensiva
***deflation*»** esvaziamento (do pneu)
***deflector mirror*»** espelho defletor
***defogger* AM»** desembaçador
***defroster* AM»** desembaçador
***delayed action*»** efeito retardado
***delivery van*»** carro/*van* de entrega
***demister*»** desembaçador
***demo*»** carro de *test drive*
***dent*»** amassado subst.
***dented fender*»** para-lama batido
***Denver boot* AM»** trava de pneu (colocada pela polícia em estacionamento proibido)

Department of Motor Vehicles (DMV) AM**»** DETRAN/ Departamento de Trânsito
Department of Transport (DOT) BR**»** Secretaria/ Ministério dos Transportes
Department of Transportation AM**»** Secretaria/Ministério dos Transportes
***depreciation*»** depreciação
***derailment*»** descarrilamento
***designated driver*»** piloto da vez
***detoxed car*»** carro com controle de emissão de gases
***detrucking point*»** ponto de descarga de caminhões
***device*»** dispositivo
***diagonal tire*»** pneu diagonal
***diamond lane*»** pista para tráfego de veículos com duas ou mais pessoas
***diesel engine*»** motor a diesel
***diesel motor*»** motor a diesel
***differential*»** diferencial
***differential bearing*»** rolamento do diferencial
***differential case*»** caixa do diferencial
***digital speedometer*»** velocímetro digital
***dimmed light*»** luz baixa
dimmer*» *dimmer
***dip switch*»** inversor de sinal (moto)
***dipping mirror*»** espelho defletor
***directional light*»** luz de seta
***dirt road*»** estrada de terra; estrada/caminho com superfície muito ruim (cascalho, areia etc.)
***dirt track*»** estrada de terra; estrada/caminho com superfície muito ruim (cascalho, areia etc.)
***disabled badge*»** selo/adesivo de deficiente
***disabled engine*»** motor avariado

disabled parking permit (***placard***)**»** cartão/selo adesivo de deficiente (no retrovisor)

disabled parking place BR**»** vaga para deficiente

disaster**»** sinistro

disc**»** disco

discharged battery**»** bateria descarregada

dished**»** abaulado

dished disk/disc**»** disco abaulado

dishing of wheel**»** abaulamento da roda

disk**»** calota; disco

disk brake**»** freio a disco

distributor**»** distribuidor

distributor cap**»** tampa do distribuidor

distributor shaft**»** eixo do distribuidor

ditch**»** valeta

diversion BR**»** desvio

diverted traffic**»** tráfego/trânsito desviado

divided highway AM**»** pista dupla; estrada com duas ou mais pistas em direções opostas com um espaço no meio

door ajar light**»** aviso de porta que não fechou (entreaberta)

door handle**»** maçaneta; trinco da porta

door lock**»** trava da porta

door open warning light**»** luz de porta aberta

door speaker**»** alto-falante da porta

door step**»** soleira de porta

door lock**»** fechadura da porta

double cab**»** cabine dupla (picape)

double clutching**»** dupla debreada

double decker BR**»** ônibus de dois andares

double seat**»** assento duplo (metrô)

double yellow line AM**»** faixa dupla (no meio ou na lateral da estrada)
***doughnut/donut*»** zerinho (manobra); cavalo de pau
***down tube*»** tubo do pedal bic.
***downhill*»** descida
***downhill slope*»** caminho em declive
downshift AM**»** diminuição da marcha
***drag race/racing*»** racha
***dragster*»** carro usado em racha/adaptado para corridas
***drainage*»** dreno
***drawbridge*»** ponte levadiça
***drivability*»** dirigibilidade
drive (Dr)**»** rua
***drive belt*»** correia de transmissão
***drive chain*»** corrente bic.
***drive shaft*»** eixo de acionamento/transmissão; eixo cardan
driver airbag*» *airbag do motorista
Driver and Vehicle Licensing Agency/DVLA BR**»** DETRAN/ Departamento de Trânsito
***driver*»** motorista
***driver's cab*»** cabine de comando (trem)
driver's license AM**»** carteira de habilitação/motorista (CNH)
***driver's seat*»** assento/banco do motorista
***driver's side*»** lado do motorista
***driver's window*»** janela do motorista
***driveway*»** entrada de veículos numa residência
***driving*»** condução; direção (ato de dirigir)
***driving instructor*»** instrutor de direção
***driving lesson*»** aula de direção
driving licence BR**»** carteira de habilitação/motorista (CNH)
***driving mirror*»** espelho retrovisor

driving school AM**»** autoescola
*driving test***»** exame de direção/habilitação
*driving turbine***»** turbina de transmissão
drophead coupé BR**»** carro conversível
*drum***»** tambor
*drum brake***»** freio a tambor
*drunk driving***»** dirigir bêbado
*dry road***»** pista seca
*dual cab***»** cabine dupla (picape)
dual carriageway BR**»** pista dupla; estrada com duas ou mais pistas em direções opostas com um espaço no meio
*dual front airbag***»** *airbag* duplo
*dual seat***»** selim duplo
*dual wheel***»** roda dupla
DUI (*drive under the influence of alcohol or drugs*)**»** dirigir bêbado
*dump hopper***»** caçamba basculante
*dump trailer***»** reboque basculante
dump truck AM**»** caminhão basculante
dumper truck BR**»** caminhão basculante
*dune buggy***»** *buggy* para andar na areia
dustcart BR**»** caminhão de lixo
*dynamo***»** dínamo
*dynamometer***»** dinamômetro

E

*earthmover***»** escape traseiro
*easy slope***»** declive/rampa suave

***economic car*»** carro econômico
***economy car*»** carro econômico
***eight-cylinder engine*»** motor de oito cilindros
EIN (***Engine Identification Number)*»** número do motor
***electric brake*»** freio elétrico
***electric car*»** carro elétrico
***electric lock*»** trava elétrica
electric window (***ew***)**»** vidro elétrico
***electrical connection*»** acoplamento elétrico
***electrically-operated convertible top*»** capota de acionamento elétrico
***electrode*»** eletrodo
***electrolyte*»** eletrólito
***electronic accelerator*»** acelerador eletrônico
electronic fuel injection (EFI)**»** injeção eletrônica
***electronic ignition*»** ignição eletrônica
electronic toll collection (ETC)**»** pedágio eletrônico
***electronic transmission*»** transmissão eletrônica
***electronic drive*»** acionamento eletrônico
embankment BR**»** margem da estrada; aterro; ribanceira
***emergency brake*»** frenagem de emergência
***emergency lane*»** faixa de emergência
***emergency switch*»** corta-circuito de emergência (moto)
***emergency windscreen*»** filme plástico
***emission*»** emissão
***engine*»** motor
***engine adjustment*»** ajuste do motor
***engine block*»** bloco do motor
***engine capacity*»** capacidade do motor
***engine compartment*»** compartimento do motor
***engine displacement*»** cilindrada do motor
***engine knock*»** batida/pancada do motor

engine noise» barulho do motor
engine off» motor desligado
engine overhaul» revisão geral do motor
engine problem» problema com o motor
engine regulation» regulagem do motor
engine trouble» problema com o motor
engine tune-up» regulagem do motor
entrance» faixa secundária
entrance ramp» rampa de entrada
entrance turnstile» catraca de entrada
environmentally friendly» ecológico
equipped» equipado
equipped car» carro equipado
estate car BR» perua
etching» gravação de número em vidro de carro
ethanol» etanol
excess of speed» excesso de velocidade
excessive heating» superaquecimento
excessive load» carga excessiva
excessive velocity» velocidade excessiva
exhaust» escape
exhaust manifold» coletor de escape; tubo de escape; cano de escapamento
exhaust pipe» tubo de escape; cano de escapamento
exhaust system» sistema de escapamento
exhaust valve» válvula de escape
exhauster» exaustor de ar
exit» saída de estrada
exit ramp» rampa de saída
exit turnstile» catraca de saída
explosion» explosão
express bus» ônibus expresso

express lane» pista rápida/expressa
express toll route (Canadá)**»** estrada pedagiada
express train» trem expresso
express way» via expressa
extended cab» cabine estendida (picape)
extra equipment» opcionais do carro
extras» acessórios

factory-engineered parts» peças originais de fábrica
fail(-)***safe system»*** sistema à prova de falhas
fairing» carenagem
fan belt» correia da ventoinha
fare» tarifa (do táxi)
far-reaching headlamp» farol de longo alcance
fast» veloz
fast lane» pista/faixa rápida/expressa
fast train» trem expresso
fault» defeito
fault light» luz de aviso
faulty» defeituoso
federal road» estrada federal
Federal Test Procedure/ (FTP) AM**»** inspeção veicular (feito por uma ***official inspection station***)
feed(***ing***) ***pump»*** bomba alimentadora
feeder» estrada de acesso/local; para-choque; para-lama
fender-bender» acidente de menor gravidade com veículos
fifth gear»quinta marcha

fifth wheel» quinta roda; roda sobressalente cam.
filler cap» tampa do radiador/tanque (carro)
filling station» posto de gasolina
filter» filtro
filter change» troca do filtro
final drive» diferencial
fine» multa
finishing» acabamento
fire-brigade motorcar BR» carro do corpo de bombeiros
fire engine» carro de bombeiros
fire extinguisher» extintor de incêndio
fire-fighting equipment» equipamento de extinção de incêndio
first gear» primeira marcha
fixed bridge» ponte fixa
flagship model» modelo principal
flake» lasca na pintura
flasher» pisca-pisca
flashing light» pisca-pisca
flat inf.» pneu furado
flat bed car» vagão plataforma
flat bed truck» caminhão plataforma
flat car» vagão-plataforma
flat rate» tarifa de táxi (fixa)
flat tire AM» pneu furado
flatbed» semirreboque de plataforma cam.
fleet car» carro de frota
flex car» carro flex
flex engine» motor flex
flight schedule» horário de voos
flooded (engine)» motor afogado
floor» assoalho do carro

(*floor*) ***mat*»** tapete
***fluid*»** fluido
flyover BR**»** passagem elevada; ponte; cruzamento superior; viaduto
***flywheel*»** volante do motor
***fog*»** neblina
***fog light*»** farol de neblina
***fog-warning lamp*»** farol/luz de neblina
***foot accelerator*»** acelerador de pé
***foot brake*»** freio de pé
***footbridge*»** passarela
***foothpath*»** vereda/trilha para pedestres
***force*»** força
***force pump*»** bomba de pressão
***fore and aft adjustment*»** deslocamento do banco do automóvel
***forgiving*»** carro fácil de dirigir
***fork*»** bifurcação; garfo bic.
***four by four*»** tração nas quatro rodas
***four wheel drive*»** tração nas quatro rodas
***four wheeler*»** quadriciclo
***four-door sedan*»** quatro portas
***four-stroke cycle engine*»** motor de quatro tempos
***fourth gear*»** quarta marcha
***frame*»** chassi; estrutura
***frame damage*»** chassi danificado
***framework*»** carcaça
***franchised dealer*»** concessionária
freeway AM**»** via expressa; estrada larga, dividida, que não tem pedágio
***freight*»** frete
***freight car*»** vagão de carga

freight coach» ônibus fretado
friction» fricção
front» frente do carro
front airbag» ***airbag*** da frente
front axle» eixo dianteiro
front brake» freio dianteiro bic.
front brake lever» freio da frente (moto)
front derailleur» desviador dianteiro bic.
front footrest» estribo do piloto (moto)
front (end) loader» carregadeira; escavadeira
front overhang» balanço dianteiro
front seat» assento/banco dianteiro
front wheel» roda dianteira
front suspension» suspensão dianteira
front-wheel drive» tração nas rodas dianteiras
frontage road» via de acesso; estrada local
frontal crash» batida de frente
front-end mask» protetor frontal do carro
fuel» combustível
fuel consumption» consumo de combustível
fuel consumption ratings» índice de consumo de combustível
fuel dribble» gotejamento de combustível
fuel economizer» economizador de combustível
fuel filter» filtro de combustível
fuel gauge» medidor de combustível
fuel juice inf.» combustível
fuel (level) indicator» indicador do nível de combustível
fuel pump» bomba de combustível (do carro)
fuel saver» economizador de combustível
fuel supply» abastecimento de combustível
fuel tank door» tampa (da gasolina etc.)

fuel truck AM**»** caminhão-tanque
***full-service*»** posto de gasolina com diversas bombas
***fume*»** fumaça
***fuse*»** fusível

G

***gall(on)*»** galão (3,79 litros – AM); (4,55 litros – BR)
garage BR**»** oficina
garbage truck AM**»** caminhão (compactador) de lixo
***(gas) cap*»** tampa (da gasolina etc.)
gas guzzler inf.**»** carro "gastão"
***gas pedal*»** acelerador inf.
gas pump AM**»** bomba de gasolina
gas tank AM**»** tanque de combustível
***gas tank cap*»** tampa do tanque (moto)
gas, gasoline AM**»** gasolina
***gas pedal*»** pedal do acelerador/gasolina
***gas engine*»** motor à gasolina
***gas motor*»** motor à gasolina
gas truck AM**»** caminhão-tanque
gas station attendant AM**»** frentista
***gas station*»** posto de gasolina
***gas-emmission control*»** controle de emissão de gases
***gasket*»** vedação
***gasohol*»** gasolina misturada com um pouco de álcool
***gasoline tank breather*»** respiro (do tanque de gasolina)
***gauge*»** aferidor
gear (first, second, third, fourth...)**»** (primeira, segunda, terceira, quarta...) marcha; engrenagem

gear lever» câmbio manual/mecânico
gear oil» óleo do câmbio
gear shift/gearshift» mudança de velocidades/marchas
gear shifter» câmbio manual/mecânico
gear stick BR» câmbio manual/mecânico
gear tooth» dente da engrenagem
gearbox» caixa de câmbio/transmissão
gearshift lever» alavanca de mudança de marcha/do câmbio; pedal de mudança de marcha (moto)
(*gear*)*stick* BR» câmbio
General Motors» GM
generator bic.» dínamo
glaring» ofuscamento
glass fiber» fibra de vidro
glasspaper» lixa
gloss» brilho (na pintura)
glove box» AM: porta-luvas
glove compartment: porta-luvas
governor (*speed*)» regulador de velocidade
GPS (Global Positioning System)» computador de bordo
grab» travamento do freio
grab handle» pegadouro para subir (em caminhão)
grade crossing» passagem de nível (onde a estrada cruza a ferrovia)
gradient» declive/rampa/inclinação (de estrada)
Grand Prix» Grand Prix
grass verge BR» acostamento
grease» graxa
green light» farol verde (semáforo)
greenhouse gases» gases poluentes
gridlock» congestionamento
grille» grade; grelha (da frente do veículo)

gross vehicle weight (GVW)**»** peso bruto do veículo (com carga)
*grown tire***»** pneu usado
guard rail [AM]**»** *guard rail*; cerca de proteção (nas estradas)
*gutter***»** sarjeta; valeta de enxurrada

H

hackney carriage [BR]**»** táxi que se pega fora do ponto
hairpin bend [BR]**»** curva fechada em "U" (estrada)
hairpin curve [AM]**»** curva fechada em "U" (estrada)
*hand accelerator***»** acelerador manual
*hand brake***»** freio de mão/manual
*hand-brake spin***»** cavalo de pau
*hand-brake turn***»** cavalo de pau
*hand grip***»** guidão (moto)
*hand signal***»** sinal feito com a mão
*handicapped permit***»** selo/adesivo de deficiente
*handicapped spot***»** vaga para deficiente
*handle bar***»** guidão [bic.]
*hands-free car phone***»** telefone *handsfree*
handshaker [AM]**»** carro mecânico/manual
hard shoulder [BR]**»** acostamento
*hard stop***»** brecada/freada brusca
*hard top***»** carro conversível; carro com capô de metal
(*hardtop*) *convertible* (*car*)**»** conversível (de capota dura)
*hard top convertible roof***»** capota rígida conversível
Harley Davidson (tipo de motocicleta potente)**»** Harley, H-D

***harsh braking*»** brecada/freada brusca
***hatchback*»** carro com porta traseira; carro de três portas
***haul*»** transporte de carga
***hazard warning lamps*»** pisca-alerta
***haze*»** embaçamento
***hazing*»** embaçamento
***head-on collision*»** batida de frente
***head rest*»** apoio/encosto para a cabeça
***head restraint*»** apoio/encosto para a cabeça
***head*(-)*on* crash»** batida de frente
***head tube* bic.»** coluna da direção
***headlamp*»** farol (de carro); farolete **bic.**
***headlamp reflector*»** refletor de farol
***headlight*»** farol dianteiro (de carro); farol projetor (trem)
***headlight signal*»** indicador de direção
***headlights*»** luz dianteira/frontal
***headroom*»** altura livre; vão livre entre o topo de um veículo e uma ponte; vão livre entre a cabeça e o teto do carro
***hearse*»** carro funerário
***heater*»** aquecedor
***heavy foot*»** pé de chumbo **inf.**
***heavy goods vehicle*»** veículo de carga pesada
***heavy* (*moving*) *traffic*»** tráfego pesado
***hidden headlight*»** farol escondido
***high beam*»** farol alto
***high beam indicator light*»** luz indicadora de farol alto (no painel)
***high beam warning indicator*»** indicador de farol alto (moto)
***high gear*»** marcha alta (quarta/quinta)

high occupancy toll (HOT)» pista pedagiada (dá ao motorista individual o acesso a pista de maior ocupação – HOV) (V HOT lanes nos aspectos culturais)
high speed» velocidade alta
high speed rail» trem expresso
high speed train (HST)» trem expresso
higher grade of gasoline» gasolina melhor
high-speed train» trem-bala
high street» rua principal
highway AM» estrada principal; rodovia (nacional); estrada de rodagem; avenida
highway bridge» ponte de estrada
highway network» sistema rodoviário
highway patrol AM» polícia rodoviária
highway (***transportation***) ***system***» sistema rodoviário
hinge» dobradiça
hip belt» cinto de segurança curto
hitcher» caronista
hitchhiker» caronista
hole» buraco
hole repair» conserto de buracos
honing» direção perigosa
honk» buzina
hood AM» capô
hood mask» protetor frontal do carro
hoop» buzina de alerta
hooter» buzina
horizontal escalator COL» esteira/tapete rolante (pessoas)
horn» buzina
horsepower (HP)» cavalo de força
hose» mangueira

hot rod» carro com motor envenenado
hot start» partida ruim com motor quente
hot(-)*wiring*» ligação direta
HOV lane (*high-occupancy vehicle lane*)» pista para tráfego de veículos com duas ou mais pessoas
How much does your car consume/use per gallon?» Quanto seu carro faz por litro?
hub» cubo da roda bic.
hubcap» calota; capa do estepe externo (carro tipo jipe com estepe do lado de fora)
HVAC (*heating, ventilation and air conditioning system*)» sistema de aquecimento, ventilação e ar-condicionado
hybrid car» carro híbrido
hydraulic clutch» embreagem hidráulica
hydraulic drive» acionamento hidráulico
hydraulic pump» bomba hidráulica
hydraulic steering» direção hidráulica
hydraulic jack» macaco hidráulico
hydrometer» hidrômetro da bateria

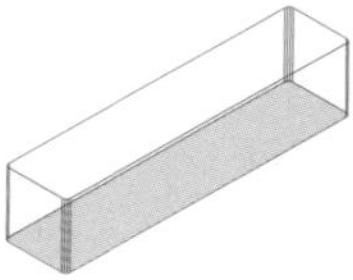

idle speed» marcha/velocidade lenta; rotação de marcha lenta
ignition» contato; ignição
ignition switch» ignição; chave de ignição; botão de ignição (moto)
ignition system» sistema de ignição
impact» colisão

impassable (***road, path, avenue*** etc.)**»** intrans tável (geralmente porque o tempo está ruim)
(***in-***)***car entertainment system*»** sistema de áudio/vídeo
***in gear*»** marcha engrenada/engatada
in neutral (***to put into neutral***)**»** desengrenado
***indicator*»** pisca-pisca
indicator lights BR**»** setas
***Indy Car Racing*»** fórmula Indy
***infant carrier*»** cadeira de bebê/infantil para auto
***infant safety*»** cadeira de bebê/infantil para auto
***information counter*»** balcão de informações aer.
***injection pump*»** bomba injetora
***injector*»** injetor
***injector nozzle*»** bico injetor
***inlet pipe*»** tubo de admissão
***inlet valve*»** válvula de admissão
***inner door shell*»** painel exterior da porta
***inner tube*»** câmara de ar de pneu
***inside lane*»** faixa/pista lenta
***inside space*»** espaço interno
***instrument cluster*»** painel de instrumentos
***instrument panel*»** painel de instrumentos
insurance (***car, vehicle, truck***)**»** seguro (do carro veículo, caminhão etc.)
***insurance policy*»** apólice de seguro
(***insurance***) ***premium*»** pagamento do seguro
***insurance rate*»** preço do seguro
***intake*»** admissão
***intake manifold*»** tubo de admissão
***interchange*»** trevo (de estrada de rodagem)
***interchange of tires*»** rodízio de pneus
***intercooler*»** radiador de ar; resfriador anterior

***interior door handle*»** trinco interior da porta
***interior door lock button*»** botão do fecho interno (da porta do automóvel)
***interlock*»** bloqueio de engate
***internal combustion engine*»** motor de explosão/combustão interna
***intersection* AM»** cruzamento/intersecção/encruzilhada
interstate (***road***)**»** AM estrada interestadual
***interstate highway* AM»** via expressa
***interstate highway system*»** sistema rodoviário interestadual
***interstate network*»** rede interestadual (estradas que ligam cidades umas às outras)

J

***jack*»** macaco (macaco hidráulico em forma de garrafa)
***jacking point*»** ponto de encaixe do macaco
***jackrabbit start*»** aceleração com o veículo parado
***Jag*»** Jaguar
***jaywalker*»** pedestre imprudente (que atravessa fora da faixa)
***jaywalking*»** travessia fora da faixa
***jerk* inf.»** solavanco
jerry-built (adj.)**»** fazer gambiarra
jerry-rigged (adj.)**»** fazer gambiarra
***jolt*»** solavanco
***jounce*»** solavanco
***jump start*»** chupeta

jumper cable» cabo de ligação direta
jumper wire» fio de ligação direta
junk» sucata
junkyard» ferro-velho de carros

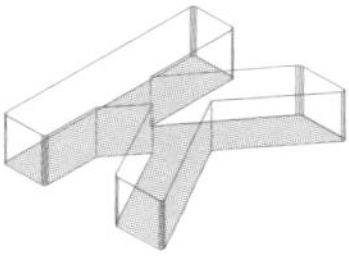

kangarooing inf.» solavanco
kerb (UK)» meio-fio
key» chave
kickdown (KD) BR» diminuição da marcha
kickstand» estribo lateral (moto)
kilometers per hour (km/h)» quilômetros por hora
kingpin» pino principal de acoplamento cam.
km 0 car» carro zero

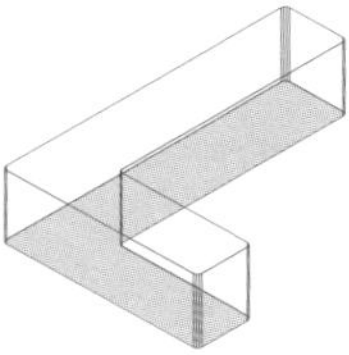

laminated glass» vidro laminado
lane» pista; faixa
lane(way)» ruela; rua pequena e estreita
lap belt» cinto de segurança curto
latch» trinco da porta
lay-by BR» acostamento
lead foot» pé de chumbo
lead-free gasoline» gasolina sem chumbo
leaf spring» feixe de molas
leak» vazamento

left angle turn» curva à esquerda
left turn» conversão à esquerda
left-hand drive (LHD)» veículo com direção do lado esquerdo; direção à esquerda
left-hand lane» pista do lado esquerdo
left-hand traffic (*LHT*)» circulação pela esquerda; mão inglesa
legroom» espaço para as pernas
level crossing AM» passagem de nível
level set» nível permitido de dosagem etílica
level crossing BR» passagem de nível (onde a estrada cruza a ferrovia)
LHD» direção à esquerda
licence plate AM» chapa/placa; de licença
license plate lamp» luz da placa
license plate light» lanterna da placa
lift pump» bomba de combustível (do carro)
liftgate» tampa traseira de utilitário
lifting» gravação de número em vidro de carro
light» lanterna
light load» carga leve
light truck» caminhonete; camionete
light van» caminhão leve/pequeno
lighter (*cigarette*)» acendedor (de cigarros)
lights-on reminder (*buzzer, chime or voice*)» campainha, voz; sistema de aviso/alarme (luz acesa, porta aberta)
lightweight aluminum alloy tire» pneu de liga leve
limiter (*speed*)» regulador de velocidade
limo» limusine
limousine» linha do bonde
link road» estrada vicinal

liquefied/liquid natural gas (LNG)» gás líquido natural (GLN)
list price» preço de tabela
load» carga
load capacity» capacidade de carga
loaded car» carro equipado
loading/unloading zone» área de carga e descarga
local road/street» estrada de acesso/local
lock» cadeado bic.; trava nas rodas
locked wheel» roda travada
locomotive» locomotiva
long haul» transporte de longa distância
loop» anel (estrada)
lorry BR» caminhão
lorry driver BR» caminhoneiro; motorista de caminhão
loss» sinistro
loud pedal (BR – inf.)» acelerador inf.
(*loud*)*speaker*» alto-falante
low beam» farol baixo
low emission» baixa emissão
low fuel warning light» luz de nível baixo de combustível
low gear» primeira marcha
low rider» carro rente ao chão
low speed» velocidade baixa
low tire» pneu baixo
low to the ground» carro rente ao chão
lube/lubricant» lubrificante
lubrication» lubrificação
lug nut» porca da roda
(*luggage*) *boot* BR» porta-malas; bagageiro
luggage carrier» *rack*
luggage cart» carrinho (de bagagem no aeroporto)
luggage rack» *rack*

main beam» farol alto
main lane» faixa principal
main line» linha principal (trem)
main road BR*»* estrada principal; preferencial
main stand» estribo central (moto)
main street» rua principal
mainline» ferrovia importante entre duas cidades; linha tronco
maintenance» manutenção
maintenance area» área de manutenção
maintenance hance» hangar de manutenção aer.
maintenance manual» manual de instruções do proprietário
make» marca
man (BR – abr.)*»* câmbio manual/mecânico
manhole» bueiro
manual car» carro mecânico/manual
manual gearbox» câmbio manual/mecânico
manual operated window» vidro manual
manual steering» direção mecânica
manual transmission» transmissão manual (de cinco marchas*» five-speed manual transmission*)
manual version» versão manual
manual window lever» manivela do vidro
manufacturer» fabricante
map light» luz de leitura
mass-produced car» carro produzido em massa
mass production» produção em massa

mass transit*»** transporte público; transporte coletivo (sistema de ônibus, trens etc. em uma determinada cidade ou área; também se usa ***transportation)

***maximum load*»** carga máxima

***maximum power*»** força máxima

***maximum speed*»** velocidade máxima

***mechanic*»** mecânico

***mechanical transmission*»** transmissão mecânica

***mechanics*»** oficina mecânica

median (***strip***) AM**»** ilha (estreita faixa que separa os dois lados de uma estrada)

***memory button*»** botão de memória

***merge*»** confluência de pistas

metallic paint(***ing***)**»** pintura metálica

***metered area*»** zona azul (de estacionamento)

***metered taxicab*»** táxi com taxímetro (em países não anglófonos)

***Mexican overdrive*»** banguela (dirigir na)

***middle lane*»** faixa/pista do meio

***mile*»** milha

***mileage*»** milhagem; quilometragem

mileometer BR**»** hodômetro

***milepost*»** marco ou poste miliário (que mostra a distância de um lugar em particular)

miles per hour (MPH)**»** milhas por hora

***milestone*»** marco ou poste miliário (que mostra a distância de um lugar em particular)

***minibus*»** micro-ônibus

minicab BR**»** táxi

Ministry of Transport/MOT BR**»** Secretaria/Ministério dos Transportes; DENATRAN/Departamento Nacional de Trânsito

(*mini*)*van*» furgão
mint-condition car BR» carro em ótimo estado
mirror» espelho retrovisor (moto)
mirror defroster» desembaçador de espelho
mobile home AM» *trailer*
model and make» modelo e marca
model year (MY)» carro do ano
monocoque» monobloco (carroceria construída em monobloco); monocoque
moped» bicicleta motorizada (tipo de motocicleta com motor fraco e pedais como de bicicleta); motoneta; vespa
motion sickness AM» enjoo (carro, avião, trem)
MotoCross» *motocross*
motor oil» óleo do motor
motorbike (v. *moped*)» motocicleta (esp. a pequena)
motorcade» carreata
motorcycle (MC)» motocicleta (esp. a pequena)
motorcycle lane» faixa de motocicleta
motorcycle safety helmet» capacete (bic., moto)
motorcyclist» motociclista
motorhome» *motorhome*
motoring school BR» autoescola
motorist» motorista
motorway BR» via expressa; autoestrada
mountain bike» *mountain bike*
movable bridge» ponte móvel
moving a seat forwards and backwards» deslocamento do banco do automóvel
moving sidewalk AM» esteira/tapete rolante (pessoas)
moving truck/van» caminhão de mudança
moving walkway BR» esteira/tapete rolante (pessoas)

mud and snow tire» pneu para neve e lama
mud flap» avental para-lama cam.; para-lama
muddy road» estrada lamacenta
mudguard» para-lama
mudhole» atoleiro
muffler AM**»** silenciador; amortecedor (de choque)
multifocal (MF) ***headlight»*** farol multifocal
multipoint fuel injection (MPFI)**»** injeção de combustível multiponto
multistorey (*car-park*) BR**»** garagem de estacionamento

National Registry of Motor Vehicles equiv.**»** RENAVAM (Registro Nacional de Veículos Automotores)
navigator» navegador (*rally*)
nearside» lado oposto ao do condutor
negative camber» cambagem negativa
neutral (*gear*)**»** ponto morto
neutral indicator» indicador de posição neutra (moto)
neutral point» ponto morto
never lost» computador de bordo
no entry» tráfego/trânsito impedido
no pass» proibido ultrapassar
no thoroughfare» passagem proibida para pedestres
no through road» proibido atravessar a pista
no through street» rua/beco/via sem saída
no U turn» retorno proibido
no-car day» rodízio de carro/veicular
no-claims bonus/discount» bônus do seguro

***no-cost option*»** acessórios para carros sem custo adicional

***no-drive day*»** rodízio de carro/veicular

***noise*»** ruído

***noise of the engine*»** barulho do motor

(***non***) ***motor vehicle collision*** (MVC)**»** colisão com outro veículo (não) motorizado

***non-skid tire*»** pneu antiderrapante

nose inf.**»** frente do carro

***nose protector*»** protetor frontal do carro

***not to block intersection*»** não fechar o cruzamento

not to block the box (***junction***)**»** não fechar o cruzamento

***nozzle*»** bico da mangueira (bomba de combustível); bocal

nudge bar (Austrália)**»** protetor de para-choque

***number of speeds*»** número de marchas

number plate BR**»** chapa/placa (de licença)

O

octane (***rating***)**»** octana; octanagem (índice de octano)

odometer AM**»** hodômetro

***off ramp*»** rampa de saída; via que é saída de estrada

***offender*»** infrator

***off-road tire*»** pneu *off-road*/fora de estrada

***off-road vehicle*»** veículo para terra, montanha, deserto etc.

***off-street parking*»** acostamento

***oil*»** óleo

***oil additive*»** aditivo para óleo

oil brake» freio de óleo
oil burning» queima de óleo
oil consumption» consumo de óleo
oil cup» caixa de lubrificação
oil drain plug» bujão de escoamento; dreno de óleo
oil filter» filtro de óleo
oil change» troca do óleo
oil gauge (indicator)» indicador do nível de óleo
oil gauge dip stick» vareta medidora de nível de óleo
oil gum» borra (óleo)
oil gun» pistola de óleo lubrificante
oil (level) gauge» medidor de óleo
oil pan» cárter
oil pan gasket» junta do cárter
oil pressure» pressão de óleo
oil pressure warning indicator» indicador da pressão do óleo (moto)
oil pump» bomba de óleo
oil warning light» luz do óleo
oilcan» contêiner para óleo no motor
on the road (to be)» na estrada (estar) (em carro, ônibus ou caminhão)
one-direction street» rua de mão única
one-way» mão única
one-way street» rua de mão única
one-way traffic» tráfego de mão única
on-ramp» rampa de entrada
operating costs» custos de manutenção (seguro, impostos, combustível etc.)
optional equipment» opcionais do carro
out of alignment» desalinhamento de rodas
out of gear» marcha desengrenada (banguela)

outer road» via de acesso; estrada local
outrider: batedor
outside lane BR» pista de ultrapassagem; faixa/pista rápida
outside mirror» espelho retrovisor externo
outside mirror control» controle do retrovisor externo
over speeding» velocidade excessiva; excesso de velocidade
overdrive» sobremarcha; marcha econômica
overhang» balanço
overhaul» revisão
overheating» superaquecimento
overpass AM» passagem elevada, ponte, cruzamento superior, viaduto
overturn» capotagem
owner's handbook/manual» manual de instruções do proprietário
oxidation» oxidação

paddle shift gearbox» câmbio semiautomático
paddy wagon» carro de presos ("tintureiro"); camburão
paint coat» camada de tinta
paint shop» oficina de pintura
painted line» faixa pintada (estrada)
painting» pintura
paintwork» pintura
panel truck» caminhão pequeno com uma parte para transportar mercadoria
panel» painel

***pannier*»** bolsa numa bicicleta ou motocicleta para carregar coisas
pantechnicon BR**»** caminhão de mudança
***park*»** estacionamento
***parking area*»** (área de) estacionamento
parking bay BR**»** vaga, lugar (para estacionar)
***parking brake*»** freio de estacionamento
***parking brake (lever)*»** freio de mão
***parking deck*»** garagem de estacionamento
***parking fine*»** multa de estacionamento proibido
***parking garage*»** garagem de estacionamento
***parking lamp*»** luz de estacionamento
***parking light*»** farol de estacionamento
***parking lot*»** área/local de estacionamento
***parking*(-)*meter*»** parquímetro
***parking-meter zone*»** zona azul (de estacionamento)
***parking place*»** local/área de estacionamento
***parking ramp*»** garagem de estacionamento
***parking sensor*»** sensor de estacionamento
***parking space*»** vaga, lugar (para estacionar); local/área de estacionamento
***parking spot*»** vaga, lugar (para estacionar)
***parking structure*»** garagem de estacionamento
***parking ticket*»** multa de estacionamento proibido
***parkway*»** estrada larga com arborização central e/ou lateral
***parlor car*»** carro-salão (vagão de trem com lugares confortáveis para sentar; necessário fazer reserva)
***passable*»** trafegável
***passenger*»** passageiro
***passenger car*»** carro/vagão de passageiros
***passenger platform*»** plataforma de passageiros

passenger saloon» compartimento de passageiros (ônibus)
passenger('s) *seat*» assento/banco do passageiro
passenger side» lado do passageiro
passenger terminal/terminus» terminal de passageiros
passenger-side airbag» *airbag* do carona
passerby» transeunte
passing a traffic light» avanço de sinal
passing lane» faixa/pista de ultrapassagem; faixa/pista rápida
passing of pedestrians» travessia/trânsito de pedestres
passing on the left» passagem pela esquerda
passing on the right» passagem pela direita
passing the red light» avanço de sinal
passport control» controle de passaportes
patch» remendo (de rua, buraco)
patrol car» carro-patrulha
pavement BR» calçada; leito da rua/carroçável
paving stone» paralelepípedo
pax tire» pneu antifuro
payload» carga útil
payloader» carregadeira/escavadeira
peak power» força máxima
pedal» pedal
pedestrian» pedestre (adj. e subst.); transeunte
pedestrian bridge» passarela
pedestrian crossing, ped Xing» travessia/trânsito/faixa/passagem de pedestres
pedestrian signal» farol de pedestre
pegasus crossing» faixa para cavalos
pelican crossing BR» faixa de pedestre com botão de acionamento/sensor
performance» desempenho

permit's holder» permissionário
petrol BR**»** gasolina
petrol engine BR**»** motor à gasolina
petrol pump BR**»** bomba de gasolina
petrol pump attendant BR**»** frentista
petrol station BR**»** posto de gasolina
petrol tank BR**»** tanque de combustível
petrol-tanker truck BR**»** caminhão-tanque
phone booth BR**»** telefone na estrada
pick(-)***up truck»*** caminhonete; camionete
pigment» pigmento
pile(-)***up»*** engavetamento
pillion footrest» estribo do passageiro (moto)
pillion» assento traseiro na motocicleta
ping AM**»** detonação
pinion» pinhão
pink BR**»** detonação
piston» pistão
piston displacement» cilindrada
piston ring» anel do pistão
piston skirt» saia do pistão
pitstop» pitstop
pitting» furos (pintura)
platform edge» borda da plataforma (metrô)
ply» lona de pneu
police car» carro de polícia; radiopatrulha
pollutant» poluente
polluting gases» gases poluentes
pop-up headlight» farol escondido
position light» farol de posição (trem)
positive camber» cambagem positiva
pothole» buraco (na estrada)

pothole repair» conserto de buracos
power car» motor de trem
power (door) lock» trava elétrica
power locks and power windows» trio elétrico
power output» capacidade de força
power steering (*wheel*)**»** direção hidráulica
power stroke» força motora
power window» vidro elétrico
power» força; potência
precaution light» luz de aviso/advertência
presidential motorcade» carreata presidencial
pressurized» pressurizado
price per liter/gallon» preço por litro/galão
priority» rodovia preferencial
propeller shaft» eixo cardan
(*protective*) ***helmet»*** capacete (bic., moto)
public road BR**»** estrada de rodagem; rodovia
public transit» transporte público
public transport(*ation*)/***transit»*** transporte público
puffin crossing BR**»** faixa de pedestre com botão de acionamento/sensor
pull up» restaurante de beira de estrada
pulley» polia
pump island» área de abastecimento do posto
puncture» furo (pneu)
punctured tire» pneu furado

Q

quad (***bike***)**»** quadriciclo
***quad cab*»** cabine dupla (picape)
***quarter glass*»** vidro lateral traseiro
***quarter window*»** vidro defletor traseiro

R

***racing start*»** saída cantando pneu
***rad*»** radiador
***radar detector*»** detector de radar
***radial engine*»** motor radial
***radial motor*»** motor radial
***radiator*»** radiador
***radiator grille*»** grade do radiador
***radiator hose*»** tubo do radiador
***radiator tank*»** tanque do radiador
***rag-roof*»** carro conversível
***ragtop*»** carro conversível
***rail*»** trilho de trem
***rail transport*»** transporte ferroviário
railroad (RR) AM**»** estrada de ferro; ferrovia
railroad crossing BR**»** passagem de nível (onde a estrada cruza a ferrovia); cruzamento com estrada de ferro
***railroad line*»** estrada de ferro; ferrovia
***railroad track*»** estrada de ferro; ferrovia

railway» estrada de ferro; via férrea; ferrovia
railway BR**»** estrada de ferro; via férrea; ferrovia
railway coach» vagão de trem
railway engine BR**»** locomotiva
railway shuttle service» serviço ferroviário rápido (em aeroportos, parques etc.)
ramp» ladeira; rampa
rapid transit (system)» sistema de trens para transporte rápido de pessoas numa cidade
rear» atrás; traseiro
rear axle» eixo traseiro
rear brake» freio traseiro bic.
rear brake pedal» freio traseiro (moto)
rear derailleur» desviador traseiro bic.
(***rear and front***) *footwell***»** assoalho do carro onde se põem os pés
rear(-)***end»*** traseira de veículo
rear-ender AM**»** colisão na traseira de um veículo
rear fender» para-lama traseiro
rear lamp» lâmpada traseira
rear light» lanterna traseira
rear offside tire» pneu na traseira
rear overhang» balanço traseiro
rear panel» painel traseiro
rear screen heater» desembaçador traseiro
rear seat» assento/banco traseiro
rear shelf» tampão do porta-malas
rear shock absorber» amortecedor traseiro (moto)
rear spoiler» aerofólio traseiro
rear suspension» suspensão traseira
rear wheel» roda traseira
rear-wheel drive» tração nas rodas traseiras

rear window» vidro traseiro
rear window heater» desembaçador traseiro
rear (*windscreen*) *wiper* BR» limpador de vidro traseiro
rear (*windshield*) *wiper* AM» limpador de vidro traseiro
rearview mirror» espelho retrovisor interno
recap tire» pneu recauchutado
recapping» recauchutagem
receiver» receiver
reclinable seat» banco reclinável
reconditioned engine» motor recondicionado
rectifier» retificador
red line» faixa vermelha (marca que não deve ser excedida em conta-giros/tacômetro)
red light» farol vermelho (semáforo)
reefer truck» caminhão frigorífico
reflector» refletor (cam., bic.)
reflectors» olho de gato
reformulated gasoline» gasolina com emissão mínima de gases poluentes
refrigeration unit» unidade de refrigeração
refuse truck BR» caminhão compactador de lixo
registration number» letras e números da placa do carro
registration plate (Austrália)» placa de licença
regular cab» cabine simples (picape)
regulator» regulador
relay» relê; relé
release button» botão do breque de mão
remolding» remoldagem
remote keyless entry system» trio elétrico; sistema de entrada sem chave
(*remote*) *keyless ignition system* (RKI)» sistema de ignição/partida sem chave

remould tyre BR**»** pneu recauchutado
***removal truck*»** caminhão de mudança
***rent-a-car*»** aluguel de carro
***rental car company*»** locadora de automóveis (companhia)
***rental car*»** aluguel de carro; carro alugado; locadora de automóveis (loja)
***repair*»** conserto
***repaired tire*»** pneu recauchutado
***repeater (lamp)*»** luz de seta
***replacement car*»** carro de cortesia
***replacement vehicle*»** veículo de cortesia
***rescue service*»** resgate; serviço de socorro/assistência a auto
***reservoir*»** reservatório
***resistance*»** resistência
***response test*»** exame psicotécnico
restaurant car BR**»** vagão-restaurante
restraint system*»** cinto de segurança retrátil (cinto de segurança e ***airbag)
***resurfacing*»** recapeamento
***retard*»** retardo
***retractable wheel*»** volante retrátil
***retread(ed) tire*»** pneu recauchutado
***retreading*»** recauchutagem
***return spring*»** mola do freio (a tambor)
***rev counter*»** tacômetro; conta-giros (mede a velocidade do motor)
***reverse drive*»** marcha à ré
***reverse gear*»** marcha à ré
***reversing light*»** farol/luz de marcha à ré
***revolution*»** rotação; tacômetro; conta-giros (mede a velocidade do motor)

RHD» direção à direita
rickshaw» riquixá
rider» caronista
right angle turn» curva à direita
right of way» preferência de passagem para veículos
right-hand lane» pista do lado direito
right-hand drive (RHD)» veículo com direção do lado direito
right-hand traffic (*RHT*)» circulação pela direita; mão francesa
right turn» conversão à direita
rim» aro; jante
ring» anel
ring road BR» rodoanel; anel rodoviário
rivet» rebite
road (Rd)» avenida; estrada
road assistance» serviço de socorro/assistência a auto
road atlas» guia rodoviário
road breakup» estrago na pavimentação
(*road*) ***detour*** AM» desvio
road full of holes» estrada esburacada
road hog: folgado; bração (motorista que ocupa a rua toda ou que dirige perigosamente); dono da estrada
road hump BR» lombada
road kill animal» animal morto na estrada (por algum veículo)
road map» mapa rodoviário
road police BR» polícia rodoviária
road racing» corrida na estrada
road rage» briga violenta entre motoristas; comportamento agressivo no trânsito
road sense» senso de direção

road side **»** acostamento
road sign **»** sinalização de estrada
road speed **»** velocidade na estrada
road system **»** malha viária
road tanker BR **»** caminhão-tanque
road through railroad **»** passagem de nível (onde a estrada cruza a ferrovia)
road traffic legislation **»** código ou legislação de trânsito rodoviário
road train **»** treminhão
road transport **»** transporte rodoviário
road trip **»** viagem longa de carro
road work **»** obras na estrada
road test **»** prova prática (para guiar em estrada), teste de direção
roadbed **»** leito da estrada
roadblock **»** barreira/barricada (***blitz***) na estrada, rua ou avenida
roadholding **»** aderência; estabilidade na estrada
roadside **»** beira de estrada
road-test AM **»** ***test drive*** na estrada
(***road***) ***toll*** **»** pedágio
roadway **»** estrada de rodagem; rodovia; leito da rua/carroçável
roadway flusher **»** caminhão-pipa
roadworthy **»** seguro (adj)
roar of the engine **»** ronco (do motor)
rocker arm **»** balancim
rollover **»** capotagem
roo bar (Austrália) **»** protetor de para-choque
roof **»** capote; teto
roof box **»** contêiner na capota do carro

roof lining» forro (de teto do veículo)
roof rack» bagageiro em cima do veículo
rotary engine» motor rotativo
rotating tires» rodízio de pneus
rotor» rotor
round square» quadrado arredondado (***design*** de carro)
roundabout» rotatória; balão; ponto de cruzamento de ruas ou estradas em que é obrigatório o sentido circular
route» estrada
rubber wall» faixa de atrito (pneu)
run flattire» pneu antifuro
runabout» baratinha
runaway car» carro fugitivo
running board» estribo de carro
runway» pista de decolagem e aterrissagem
rush hour» horário de pico/***rush***
rust» ferrugem; oxidação
rustproof» à prova de ferrugem
rusty» enferrujado

S

saddle» selim
saddle bag» bolsa numa bicicleta ou motocicleta para carregar coisas
safe driver» motorista de direção defensiva
safe driving» direção defensiva
safety belt» cinto de segurança
safety belt grabber» trava do cinto de segurança

safety brake» freio de segurança
safety line» faixa de segurança (metrô)
safety zone» faixa de segurança para pedestres
schedule» horário de trens, ônibus etc.
scoop loader» carregadeira; escavadeira
scooter» motoneta; vespa; *scooter*
Scotsman's sixth» banguela (dirigir na)
scrap» sucata
scratch» arranhão; risco (na pintura do veículo)
sealed beam» farol selado
seat» banco; selim
seat adjuster» alavanca de ajuste do banco
seat belt» cinto de segurança
seat lever» alavanca de ajuste do banco
seat-mounted side airbag» airbag lateral
seat post» coluna do selim **bic.**
seat stay» suporte do selim **bic.**
seat tube» tubo do selim **bic.**
seatbelt warning light» luz do cinto de segurança
seated passengers» passageiros sentados
seating capacity» capacidade de passageiros sentados
seating passengers» passageiros sentados
second gear» segunda marcha
second-hand car» carro usado
secondary key» chave de manobrista
secondary road» estrada secundária
security check» controle de segurança
self-leveling suspension» suspensão autonivelante
self-parking system» sistema de estacionamento automático
self-parking wiper» limpador de para-brisa temporizado
self-service» posto de gasolina de autoatendimento

semaphore» semáforo; farol
semi-annual car» carro seminovo equiv.
semi-automatic car» carro semiautomático
semi-automatic transmission» câmbio semiautomático; transmissão semiautomática
semitrailer» semirreboque cam.
senior parking lot/spot» vaga para idoso
senior parking sticker» selo/adesivo de idoso
senior pass» cartão do idoso
sensor» sensor
sequential fuel injection (SFI)» injeção sequencial de combustível
sequential gearbox» câmbio sequencial
service» revisão/manutenção de veículo
service area AM» posto de gasolina; área de serviço aer.
service brake» freio de serviço
service drive» estrada de acesso; estrada local
service life» vida útil
service road» via de acesso; estrada local
service station» posto de gasolina
service station attendant AM» frentista
(*servo-vacuum*) *hydraulic brake*» freio hidráulico (com servo-vácuo)
shackle» engate
shaft» eixo
shaft collar» anel/colar de eixo
sharp bend» curva fechada em "U" (estrada)
sharp curve/turn» curva fechada
shed» depósito de carros
shell» carcaça
shift lever» câmbio
shifter» alavanca de mudança bic.

***shifting gear bicycle/bike*»** bicicleta com marcha
***shimmy wheel*»** roda bamba (com trepidação)
(*shock*) ***absorber*»** amortecedor (de choque)
***shop assembled*»** montado na fábrica
***shopping precinct*»** calçadão de compra
***shot shocks*»** amortecedor destruído
shoulder AM**»** acostamento
***shoulder belt*»** cinto de segurança por cima do ombro; correia do cinto
***shudder*»** trepidação do freio
shunt BR**»** colisão na traseira de um veículo
***shunter*»** manobrista de trem
***shuttle*»** linha regular (ônibus, avião, trem etc.); percurso que trem, navio, ônibus etc. fazem regularmente; ponte aérea
***side door*»** porta lateral
(*side*) ***handrail*»** barra de apoio (metrô)
***side lane*»** via lateral
side mirror AM**»** espelho lateral
***side road*»** estrada secundária
***side street*»** rua secundária
***side window*»** janela lateral
***sidecar*»** *sidecar*
***sidelamp/sidelight*»** lanterna lateral
(*side*)***marker light*»** luz lateral
***sider*»** *sider*
***sidetrack*»** desvio de estrada de ferro
sidewalk AM**»** calçada
***sign*»** sinal (de ferrovia)
***signalling lights*»** setas
signpost (adj.: ***signposted***)**»** sinais/placas em estrada para indicação

signposted road» estrada sinalizada
silencer BR» silenciador
single carriageway BR» estrada de pista simples
single decker» ônibus de um andar
single seat» assento simples
single-way street» rua de mão única
single wheel» roda única
six-cylinder engine» motor de seis cilindros
six-wheel drive» veículo de seis rodas
skid» calço (no pneu)
skid marks» marcas de derrapagem
skid plate» protetor do cárter
skid(ding)» derrapagem
skip loader» carregadeira/escavadeira
sky view» teto solar
skylight (em *trailer*)» teto solar
sleep road» acostamento
sleeper cab» cabine-dormitório
sleeper» carro-dormitório (trem); dormente (de trem)
sleeping car» carro-dormitório (trem); carro-leito; vagão-leito
sleeping policeman BR» lombada
slick tire» pneu liso
sliding rail» trilho de deslize (para deslocar o banco do automóvel)
sliding door» porta corrediça
sliding lever» alavanca de deslize (para deslocar o banco do automóvel)
sliding (sun)roof» teto solar
slinger» borrifador de óleo
slinky bus» ônibus articulado/sanfona
slip(-)road BR» via de acesso

***slippage*»** escorregão
***slippery road*»** estrada escorregadia
***slope*»** aclive; declive; ladeira; ribanceira
***slow child* BR»** lombada
***slow leak*»** pneu vazando
***slow moving traffic*»** tráfego/trânsito lento
***slow road*»** trecho de estrada onde se deve guiar devagar
***slow lane*»** faixa/pista lenta
***slower traffic*»** faixa/pista lenta
***slow-running*»** marcha/velocidade lenta
***sluggish traffic*»** tráfego/trânsito lento
***smash*»** engavetamento
***smash(-up)* inf.»** acidente
***smoke*»** fumaça
***smoking car* AM»** vagão para fumantes
***smoking compartment* BR»** vagão para fumantes
***smooth tire*»** pneu liso
***snow chain*»** corrente de neve para pneu
***softtop*»** carro conversível
***solar car*»** carro elétrico
***solid paint(ing)*»** pintura sólida
***sound of the engine*»** som do motor
***spare parts*»** peças de reposição/reserva/ sobressalentes
***spare tire*»** estepe; pneu sobressalente
***spare wheel*»** estepe; pneu sobressalente
***spark*»** faísca
***spark plug cable*»** cabo da vela; vela de ignição
***special license plate*»** chapa/placa especial (por exemplo, do governo, embaixadas etc.)
***speed*»** velocidade
***speed breaker* BR»** lombada

(*speed*) ***bump*** AM**»** lombada

***speed camera*»** radar

***speed control*»** piloto automático

***speed demon*»** pé de chumbo inf.

***speed limit*»** limite de velocidade

***speed radar defeater*»** detector de radar

speed (***transmission***)**»** marcha

***speed trap*»** lugar na estrada onde a polícia fica escondida medindo a velocidade dos carros; radar pardal; zona de policiamento contra excessos de velocidade

speed hump BR**»** lombada

***speeder*»** pé de chumbo inf.

***speeding*»** velocidade excessiva

***speeding fine*»** multa por excesso de velocidade

***speeding ticket*»** multa por excesso de velocidade

speedo (BR – inf.)**»** velocímetro; tacômetro

***speedometer*»** velocímetro; tacômetro

***speed-up*»** aceleração

***speed-up*»** aumento de velocidade; aceleração

***speedway*»** corrida de motos; pista de corrida/alta velocidade; rodovia para grandes velocidades

***speedy*»** veloz

***spider*»** cruzeta

***spitting of the engine*»** motor engasgando/falhando

***splashboard*»** para-lama

***splashguard*»** para-lama

***spoiler*»** aerofólio; bico (moto)

***spoke*»** raio de roda

***sports car*»** carro esporte

***spring*»** mola

sprocket (***wheel/drive***)**»** roda denteada/dentada; engrenagem

***squad car*»** radiopatrulha; carro de polícia
***stability*»** estabilidade
***stabilizer*»** estabilizador
***stain*»** mancha
***standard cab*»** cabine simples (picape)
***standard equipment*»** acessórios de fábrica/do modelo
***standard features*»** itens de série
standard shift inf.**»** câmbio manual/mecânico
***standing passengers*»** passageiros em pé
starter (***motor***)**»** motor de arranque/partida; acionador de arranque
***starting switch*»** chave de partida
***state road*»** estrada estadual
***station entrance*»** entrada da estação de metrô
***station wagon*»** perua
(***steel belted***) ***radial tire*»** pneu radial
***steering*»** direção
***steering box*»** caixa de direção
***steering column*»** coluna da direção
***steering gear*»** mecanismo de direção
***steering lock*»** trava da direção
***steering ratio*»** redução da direção
***steering system*»** sistema de direção
***steering track rod*»** barra de direção
(***steering***) ***wheel*»** volante
***stem*»** eixo do guidão bic.
***step*»** degrau
***stepless transmission*»** transmissão contínua
stick shift AM**»** câmbio manual/mecânico
***sticker price*»** preço do veículo no varejo colado na janela

stock car» *stock car* (carro comum preparado para corridas)

stop-and-go (traffic)» tráfego que para e anda, para e anda...

stop lamp» luz de freio (traseira)

stop sign» sinal de parada

stop-and-go lights» semáforo; farol

stop-go lights» semáforo; farol

stop-light» luz de "Pare"

stoplights» semáforo; farol

stopover» parada (escala em viagens)

stop-start (traffic)» tráfego que para e anda, para e anda...

storage battery» acumulador

storage compartment» compartimento de ferramentas

stowaway» passageiro clandestino

straight eight» motor de oito cilindros

straight oil» óleo sem aditivo

straight shift inf.» câmbio manual/mecânico

straight six» motor de seis cilindros

straight truck» caminhão rígido

strainer» filtro

streamline» aerodinâmica

streamlined» aerodinâmico (adj.)

street (St)» rua

street crossing AM» faixa de pedestre

street sign» placa de sinalização de rua

streetcar AM» bonde

stretch bus» ônibus articulado/sanfona

strip of land» canteiro central

subway AM» metrô

subway crossing BR» passagem subterrânea

subway train» trem do metrô
suction» aspiração
summer tire» pneu para verão
sump» coletor de óleo
sump guard» protetor do cárter
sun car» carro elétrico
sun shade» para-sol
sun visor» para-sol
Sunday driver» barbeiro
sunroof» teto solar
suped/souped-up car» carro envenenado
supercharger» supercompressor
(*super*)*highway* (*HWY*)» autoestrada
surface road» via de acesso; estrada local
suspended» suspenso
suspension bridge» ponte pênsil
suspension system» sistema de suspensão
switch» chave; contato
switchback» estrada íngreme em ziguezague
synchromesh» engrenagem sincronizada
synchromesh transmission» sistema de transmissão sincronizada
synchronized transmission» transmissão sincronizada

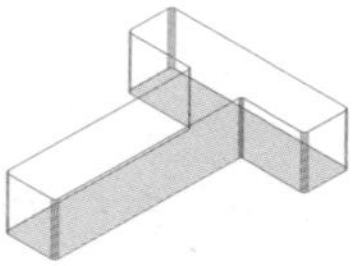

24-hour assistance» assistência 24 horas
t/glass» vidro fumê
tach» tacômetro; conta-giros (mede a velocidade do motor)

tachograph» tacógrafo (mede a velocidade de veículo como caminhão)

tachometer» conta-giros; tacômetro, conta-giros (mede a velocidade do motor)

tail light» farol traseiro; lanterna traseira

tail panel» painel traseiro

tail pipe» escape traseiro

tailgate» porta traseira de van, caminhão, SUV, que se abre para baixo/cima

tailgater» motorista que anda colado no veículo da frente

taillights» luz traseira

tandem» bicicleta de dois lugares

tandem axle» eixo acoplado

tandem bus» ônibus articulado/sanfona

tandem tractor trailer» caminhão articulado

tank» tanque

tank car» caminhão-tanque

tank truck» caminhão-tanque

tanker» caminhão-tanque

tare» tara

targa top» capota semirremovível

targeted car» carro visado (para ser roubado)

tarpaulin» toldo de caminhão

Tata Nano» Tata Nano

taxi» táxi

taxi rank BR**»** ponto de táxi

taxi stand» ponto de táxi

taxi driver» motorista de táxi; taxista

taxi stand AM**»** ponto de táxi

taxicab (AM – formal)**»** táxi

taximeter» taxímetro

taxiway line» linha de taxiamento aer.
taxiway» pista de taxiamento aer.
(*technical*) *assistance*» assistência técnica
technical capacity» capacidade técnica
(*technical*) *service*» assistência técnica
temperature indicator» indicador de temperatura
temporary driver's permit» permissão para dirigir
tension rod» barra de direção
terminal» estação/ponto final
terminus AM» terminal de passageiros; estação/ponto final
test drive» *test drive* (prova prática para guiar em estrada)
the offside BR» lado do motorista
the sound of screeching car brakes» barulho de brecada
the tube (BR – inf.)» metrô
theft-deterrent system» sistema antifurto
theft-proof car» carro à prova de roubo
there be sth wrong with the engine» ter uma coisa errada com o motor
third gear» terceira marcha
thorough street» via pública/principal
thoroughfare» estrada; via pública/principal
three-axle truck» caminhão trucado (3 eixos)
three-point turn» manobra de retorno
three-wheeler» veículo de três rodas
throttle» acelerador inf.; afogador
throughway/thruway AM» autoestrada (grandes velocidades)
ticket collector» fiscal (de bilhetes)
ticket collector's booth» bilheteria
ticket counter» balcão de venda de bilhetes aer.

ticket office» bilheteria; guichê (de vendas de passagens)
ticket» multa
tie rod» barra de direção
tight bend» curva fechada em "U" (estrada)
tilting bucket» caçamba basculante
timetable BR**»** horário de trens, ônibus etc.
timing belt» correia de distribuição
tinted glass» vidro *fumé*
T-intersection AM**»** intersecção em T
tire AM**»** pneu
tire change» troca de pneu
tire groove» sulco (de pneu)
tire iron» chave de roda
tire lock» trava de pneu/roda (antirroubo)
tire pressure» pressão do pneu
tire pump» bomba de ar bic.
tire repair» remendo (de pneu)
tire rotation» rodízio de pneus
tire set» jogo de pneus
tire shoulder» borda de pneu
tire sipe» sulco (de pneu)
tire valve» válvula de pneu; válvula de enchimento bic.
tire wear» desgaste dos pneus
tire width» largura do pneu
T-junction BR**»** intersecção em T
to accelerate» acelerar
to accelerate slowly» acelerar lentamente
to accelerate the engine» acelerar o motor
to adjust the brake» ajustar o freio
to adjust the engine» ajustar o motor
to assemble» montar
to back up» dar (marcha à) ré

to be dead» arriar/pifar (a bateria)
to be given a tow» ser rebocado por outro veículo
to be nose to tail BR» andar colado/grudado no carro da frente
to be on tow BR» ser rebocado por outro veículo
to be out of (gas/petrol)» ficar sem gasolina
to be over the limit» passar o limite de velocidade
to beef up» reforçar
to belt up» colocar os cintos
to blind side» bater na lateral (em acidente)
to block (*the way, the traffic, the intersection*)» obstruir (caminho, tráfego, cruzamento)
to block the line» bloquear a estrada de ferro
to block the traffic» bloquear o trânsito
to blow» buzinar
to blow (*out*) *a tire*» estourar pneu
to bog down in mud» atolar
to brake» brecar; frear
to break down» enguiçar; quebrar (veículo)
to breakdown» avariar
to breathalyze sb» fazer o teste de dosagem etílica
to buckle up» colocar os cintos
to bump out» desamassar
to burst» estourar pneu
to burst into flames» pegar fogo (veículo)
to call shot gun» sentar/querer sentar no banco da frente
to cannibalize» canibalizar
to capsize inf» capotar
to carry out a service on a vehicle» fazer revisão
to catch» pegar (carro, motor)
to change gear» passar/trocar a marcha

to change the filter» trocar o filtro

to change the oil» trocar o óleo

to change gears» mudar a marcha

to charge the battery» carregar a bateria

to chatter» trepidar

to check the oil» olhar/checar o óleo

to check the tires» olhar/checar os pneus

to check under the hood» olhar/checar a frente do carro

to chip off the paint» lascar a pintura

to chock the wheels» calçar as rodas

to choke (*up*) *the engine*» afogar (motor)

to clear» desobstruir (trânsito, ruas, estradas)

to close off» fechar a estrada

to clutch» debrear

to coast» descer desengrenado/desengatado

to collide» bater (veículo)

to concertina» engavetar

to corner» virar a esquina

to corrode» corroer; "comer"; oxidar

to cough» falhar; tossir (o motor)

to crank» dar partida; tentar fazer o motor pegar

to crash» bater (veículo)

to cross over» atravessar

to cut inf» desligar o carro

to cut in» cortar (no trânsito)

to cut off» dar uma "fechada"

to cut out» desconectar

to decelerate» desacelerar

to deflate» esvaziar (pneu)

to defog» desembaçar

to defrost» desembaçar

to demount (*car/tire*)» desmontar

***to dent*»** amassar
***to derail*»** descarrilar
***to detruck*»** descarregar (caminhão)
***to die*»** morrer (motor, carro)
***to disassemble*»** desmontar
***to discharge the battery*»** descarregar a bateria
***to disengage*»** desengatar
***to disengage a/the clutch*»** desligar a embreagem; tirar o pé da embreagem
***to dismantle* (*the engine*)»** desmontar o motor
***to dismount*»** descer (da moto)
***to divert*»** desviar o tráfego
***to do*»** atingir a velocidade (de)
***to do a Macgyver on sth*»** fazer gambiarra
***to do doughnuts/donuts*»** dar cavalo de pau
***to do a U-turn*»** fazer um retorno
***to do a sobriety test*»** fazer o teste de dosagem etílica
***to dodge*»** desviar
***to double park*»** parar em mão dupla
***to downshift*»** diminuir a marcha
***to drive*»** pilotar; guiar
***to drive backwards*»** dar (marcha à) ré
***to drive dead slow*»** dirigir muito devagar
***to drive in*»** entrar de carro
***to drive off*»** sair (veículo)
***to drive under the influence* (DUI)»** dirigir alcoolizado
***to drive while intoxicated* (DWI)»** dirigir alcoolizado
***to drop sb off*»** deixar/desembarcar alguém em algum lugar (carro, ônibus etc.)
***to eat* inf»** corroer; "comer"
***to engage* (a gear shift)»** engatar
***to engage the clutch*»** pisar na embreagem

***to equip*»** equipar
***to exceed the speed limit*»** exceder a velocidade permitida
***to fail*»** falhar
to feed BR**»** abastecer
***to fill a hole*»** tapar um buraco
***to fill up*»** abastecer
***to fill up the tank*»** encher o tanque
***to fill up*»** pôr gasolina
to fill'er (it) up AM**»** encher o tanque
***to fine*»** multar
***to fishtail*»** dar uma guinada (ao frear ou derrapar, a traseira do carro é jogada de um lado para outro); guinar (a traseira); rabear
***to fishtail off*»** dar uma guinada e sair da estrada
***to flag down*»** acenar para um carro parar
***to flash*»** (tipo pisca-pisca) dar sinal de luz
***to flip over*»** capotar
***to flood the carburettor*»** afogar (carburador)
***to fork*»** bifurcar
***to full speed*»** acelerar a toda velocidade
***to garage*»** pôr/guardar o carro na garagem
***to gas up*»** abastecer; pôr gasolina
***to get off (a bike)*»** descer (da moto)
***to give someone a lift*»** dar carona
***to give the wheel a spin*»** dar uma guinada no volante
***to give way*»** dar a preferência no trânsito; dar passagem (para carro)
***to go down*»** descer
***to go dull*»** pintura opaca (ficar)
***to go flat*»** arriar (pneu)
***to go for a ride/spin*»** dar uma volta/giro de carro

to go through red lights» roleta paulista ("furar" sinais vermelhos em sequência)

to go up» subir

to govern» controlar/regular/refrear a velocidade do automóvel

to grind the gears» arranhar a marcha

to grind to a halt» tráfego que anda cada vez mais devagar até parar

to hail» acenar para um carro parar

to haul» rebocar

to hire a taxi» chamar um táxi

to hit» atropelar; bater (veículo)

to hit and run» bater e fugir

to hit on (***the brakes***)**»** pisar no breque (com força)

to hitch (***up***)**»** acoplar (***trailer***); atrelar, engatar (por ex., um trailer na traseira de um carro)

to hitch (***hike***)**»** viajar de carona; pedir carona

to honk/hoot/horn» buzinar

to hot up» envenenar (carro)

to hot wire» ligar diretamente (sem chave)

to idle (**subst.**: ***idling***)**»** funcionar o motor com o carro parado (em ponto morto)

to indicate» dar seta/sinal

to inflate» calibrar/encher (pneu)

to jack up» levantar (veículo) com macaco

to jam the brakes» brecar violentamente

to jaywalk» atravessar fora da faixa

to jerk» dar um solavanco

to jerry-rig» fazer gambiarra

to joyride» roubar carro por farra, só para dar umas voltas (o crime é ***joyriding*** e a pessoa é ***joyrider***)

to jump AM» dar partida num carro usando a bateria de outro
to jump the curb» subir na calçada (veículo ou pessoa)
to jump the track(s)» descarrilar
to jump-start» dar partida num carro usando a bateria de outro
to kick-start» dar partida na moto com o pedal
to kill inf.» desligar o carro; morrer (motor, carro)
to knock over» atropelar
to leave behind» ultrapassar
to let go in neutral» banguela (dirigir na)
to load» carregar (caminhão)
to lock» trancar
to lock out» trancar do lado de fora
to look under the hood» olhar/checar a frente do carro
to lubricate» lubrificar
to make a funny sound» estar com/fazer um barulho estranho
to make a U-turn» fazer um retorno
to manoeuver BR» manobrar; esterçar (veículo)
to misfire» falhar (a ignição)
to miss» falhar (a ignição)
to mist off» embaçar
to mist over» embaçar
to move off» sair (veículo)
to nose» avançar lenta e cuidadosamente
to overhaul» fazer revisão; revisar
to overhaul the engine» recondicionar o motor
to overheat» superaquecer
to overtake» passar/ultrapassar um carro
to overturn BR» capotar
to oxidate» oxidar

***to parallel park*»** fazer baliza
***to pass a car*»** passar/ultrapassar um carro
***to pass a traffic light*»** avançar sinal
to pass another vehicle (***going in the opposite direction***)**»** cruzar com outro veículo
***to pass each other*»** cruzar com outro veículo
***to pass other cars on the wrong side of the road*»** passar na contramão à frente de outros veículos
***to pass over the bridge*»** transitar pela ponte
***to pass on the left*»** passar pela esquerda
***to pass on the right*»** passar pela direita
***to pay toll*»** pagar o pedágio
***to perform a sobriety test*»** fazer o teste de dosagem etílica
***to pick someone up*»** dar carona
***to pile up*»** engavetar
to ping AM**»** detonar (motor)
to pink BR**»** detonar (motor)
***to polish*»** dar polimento; polir
***to pop the clutch*»** pegar no tranco
***to pull into*»** entrar (veículo)
***to pull out of*»** sair (veículo)
***to pull out of the mud*»** desatolar
***to pull over*»** encostar (o veículo no meio-fio); parar no acostamento
***to pull up*»** parar; encostar (o veículo no meio-fio); parar no acostamento
***to pull up short*»** parar subitamente
to pump up (***a tyre***)**»** encher o pneu
***to push a button*»** abaixar/levantar o vidro do carro
***to put in gear*»** engrenar
***to put into first, second etc.*»** colocar primeira, segunda etc.

to put sb off» deixar/desembarcar alguém em algum lugar (carro, ônibus etc.)
to rear end» bater na traseira de um veículo
to recap» recauchutar
to rectify» retificar
to refuel» reabastecer (de combustível)
to regulate the engine» regular (velocidade/temperatura/motor/combustível do motor)
to release the handbrake» soltar o breque de mão
to remold» remoldar (pneus)
to rent a car» alugar carro
to retread (tires)» recauchutar
to rev» mudar a velocidade do motor
to rev (up)» acelerar o motor
to reverse» dar (marcha à) ré
to ride» andar de carro, trem, avião, barco etc.
to ride shot gun» sentar/querer sentar no banco da frente
to road-test» fazer teste de direção
to roll a car window down» abaixar o vidro do carro
to roll a car window up» levantar o vidro do carro
to roll over» capotar
to run idle» rodar em ponto morto/marcha lenta
to run one's car on gas» usar gasolina no carro
to run sb down» atropelar
to run sb off the road» forçar alguém a sair da estrada
to run out of (gas/petrol)» ficar sem gasolina
to run over» atropelar
to rust» enferrujar; oxidar
to scrap» sucatear
to screech» cantar pneu
to seize up» parar de funcionar (carro, motor)

to serve» atender a região
to service» prestar assistência mecânica; revisar
to shake» chacoalhar
to shift down to» reduzir a marcha
to shift gears» mudar a marcha
to shift to first/second» colocar primeira, segunda etc.
to shift up» passar para uma marcha mais alta
to shunt BR» bater na traseira de um veículo
to sideslip» derrapar
to sideswipe» bater de lado ou na lateral rapidamente quando um carro está tentando ultrapassar o outro
to signal» dar seta/sinal
to sink down in mud» atolar
to skid (subst.» *skidding*)» patinar; derrapar
to slam on (*the brakes*)» pisar no breque (com força)
to slip» escorregar
to slow down (*the speed*)» diminuir/reduzir a velocidade
to smack» bater forte fazendo muito barulho
to smash» engavetar
to sound the horns» buzinar
to soup up» aumentar a potência; envenenar (carro)
to speed» exceder a velocidade permitida
to speed away» voar (o carro)
to speed up» acelerar; aumentar a velocidade
to spin» dar cavalo de pau
to splutter» falhar (o motor); estalar (barulho do motor com pequenas explosões)
to squeal» cantar pneu
to stall» afogar (motor); enguiçar; morrer (motor, carro)
to start» dar partida; pegar (carro, motor)
to start a motorcycle» dar partida na moto

***to steer*»** manobrar; esterçar (veículo); pilotar; guiar
***to step on it*»** acelerar; pisar fundo
***to step on the gas*»** pisar no acelerador
***to step on the accelerator*»** pisar no acelerador
***to stick down in mud*»** atolar
***to stop*»** parar
***to stop over*»** fazer uma parada (durante uma viagem)
***to stow (away)*»** viajar clandestinamente
***to surpass*»** ultrapassar
***to swerve*»** dar uma guinada (para evitar bater)
***to switch gears*»** mudar a marcha
***to switch off*»** desligar o carro
***to switch on*»** dar partida
***to tailgate* AM»** andar colado/grudado no carro da frente
***to take part in drag races*»** tirar racha
***to taxi*»** taxiar (movimentar avião na pista)
***to test the brakes*»** verificar os freios
***to thrash* inf.»** forçar o motor ao máximo
***to throttle down*»** diminuir a velocidade
***to throw (in a gear)*»** engatar
***to throw into gear*»** engrenar
***to throw out*»** desligar a embreagem
***to throw out (a gear)*»** desengatar
***to throw the clutch in*»** embrear
***to throw the clutch out*»** desembrear
***to tick over* BR»** andar em marcha lenta
***to ticket*»** multar
***to toll*»** pedagiar
***to tool*»** dirigir relaxadamente e sem destino
***to toot the horns*»** buzinar
***to top up*»** completar com água/fluidos

to tow» guinchar; rebocar
to tow away» guinchar veículo parado em local proibido
to trade in» dar carro velho como parte do pagamento
to tread on the accelerator BR» pisar no acelerador
to tread on (*the brakes*)» pisar no breque (com força)
to truck» dirigir/guiar caminhão; fazer transporte em caminhão
to tune» revisar
to tune up» retificar
to tune (*up*) *the car*» tunar o carro
to tune up the engine» regular (velocidade/temperatura/motor/combustível do motor)
to turn» virar
to turn a handle» abaixar/levantar o vidro do carro
to turn around» voltar (veículo)
to turn left» virar à esquerda
to turn right» virar à direita
to turn the corner» virar a esquina
to turn turtle» capotar
to turn over» capotar
to unload» descarregar (caminhão)
to varnish» envernizar
to veer» dar uma guinada (para evitar bater); guinar (a traseira)
to wax» encerar
to weave in and out of traffic» costurar (no trânsito)
to weld» soldar
to wheel the bike along» empurrar a bicicleta (quando não se está andando nela)
to wheelie» empinar (moto, bicicleta)
to withdraw» desengatar
to withdraw from circulation» retirar de circulação (carros)

to wobble» trepidar
to write off» sucatear
to yield AM» dar a preferência no trânsito; dar passagem (para carro)
to zigzag» costurar (no trânsito)
toe» convergência
toe clip» estribo bic.
toe-in» convergência nas rodas
toe-out» divergência nas rodas
toll ahead» pedágio à frente
toll bar» barra de pedágio
toll booth» cabine de pedágio
toll bridge» ponte com pedágio/pedagiada
toll highway» estrada pedagiada
toll lane» pista pedagiada
toll plaza» praça de pedágio (com várias cabines)
toll road» estrada pedagiada
toll sticker» adesivo (do Sem Parar)
tollbooth/tollgate» posto de pedágio
tollway» estrada pedagiada
tonality» tonalidade/tom
toothed belt» correia dentada
top gear» marcha mais rápida (que todas)
top sleeper BR» cabine-dormitório
top speed» velocidade máxima
torque» torque
total loss» perda total (PT)
toucan crossing» faixa para pedestres e bicicletas
tow bar» cambão
tow truck» guincho
tow(ing)/towage» reboque
towaway zone» sujeito a guincho

***towing vehicle*»** veículo rebocador
***towpath*»** caminho de sirga (também para reboque de barcos)
***towrope*»** cabo para reboque
***track*»** trilha; vereda; caminho; via férrea
***track gauge*»** distância entre os eixos das rodas (DEE)
***track rod*»** barra de direção
***traction*»** tração
***tractor*»** trator
***trade-in price*»** preço do carro velho dado como parte do pagamento
***traffic accident*»** acidente de trânsito
***traffic barrier* AM»** cerca de proteção; mureta
(*traffic*) ***brought to a standstill*»** tráfego/trânsito paralisado
***traffic circle*»** balão; ponto de cruzamento de ruas ou estradas em que é obrigatório o sentido circular; rotatória; anel viário
(*traffic*) ***cone*»** cone
(*traffic*) ***congestion*»** congestionamento
***traffic control*»** controle de trânsito
***traffic cop* AM»** marronzinho Inf; guarda de trânsito
***traffic court*»** tribunal para infrações de trânsito
***traffic infraction*»** infração de trânsito
***traffic island*»** ilha (no meio da rua para esperar para atravessar)
***traffic jam*»** congestionamento; tráfego/trânsito engarrafado
***traffic lamps*»** semáforo; farol
***traffic lane*»** faixa de circulação
***traffic light*»** sinal luminoso
***traffic lights*»** semáforo; farol

Traffic Police Department» Departamento de Polícia Rodoviária Federal (DPRF)
traffic policeman» guarda de trânsito
traffic restrictions» restrições de tráfego
traffic safety» segurança no trânsito
traffic signals» semáforo; farol
traffic signs» sinais de trânsito
traffic stop» barreira policial; ***blitz***
traffic violation» infração de trânsito
traffic warden BR**»** guarda de trânsito; marronzinho inf.
traffic» tráfego; trânsito
trail» cáster; trilha; vereda; caminho
trailer» carroceria do automóvel/caminhão; reboque/ ***trailer*** reboque (para transportar veículos, barcos, animais etc.)
trailer park» estacionamento de ***trailer***
trailing axle» eixo de tração
train accident» acidente de trem
train crossing» passagem de nível (onde a estrada cruza a ferrovia)
train station» estação de trem
train track» estrada de ferro; ferrovia
train wreck» acidente de trem
tram*(car)* BR**»** bonde
tramline» linha/trilho de bonde
tramway BR**»** linha/trilho de bonde
tranny (AM – inf.)**»** transmissão
transfer» baldeação; traslado
transfer ramp» rampa de transferência
transmission» transmissão
transmission shaft» eixo transmissor
transporter» caminhão-cegonha

travel sickness BR» enjoo (carro, avião, trem)
travelator COL.» esteira/tapete rolante (pessoas)
tray table» mesinha de avião (para carro)
tread» banda de rodagem
tread design» desenho da banda de rodagem (do pneu)
tricycle» triciclo
trim levels» opcionais do carro
trim package» opcionais do carro
trim panel» forro (da porta do automóvel)
trip computer» computador de bordo
trolley (*car*)» trólei, bonde, vagonete
trolley bus/trolleybus» ônibus elétrico; trólebus
trolley jack» macaco hidráulico
truck AM» caminhão
truck accident» acidente de caminhão
truck cab» boleia de caminhão
truck driver AM» caminhoneiro; motorista de caminhão
truck lane» faixa de caminhão
truck stop» posto ou restaurante de caminhoneiro (para comer, pôr combustível, consertar o caminhão)
truck tractor» cavalo mecânico (do caminhão)
truck trailer» reboque de caminhão
truck wreck» acidente de caminhão
truckage» carreto; frete (de caminhão)
truckeage» transporte em caminhão de carga
trucker» caminhoneiro
trucking» transporte em caminhão
truckload/truck load» carga de caminhão
truckman» caminhoneiro

trunk AM» porta-malas
trunk boot» bagagito BR
trunk (line)» linha tronco ou principal
trunk lid» bagagito AM
trunk lid lock» trava/fechadura do porta-malas
trunk road BR» estrada de rodagem; rodovia nacional
tube tire» pneu com câmara de ar
tubeless tire» pneu sem câmara de ar
tune-up» revisão/manutenção de veículo
tuning» carro tunado
tunnel» túnel
turbocharger» turbocompressor
turn» curva; giro
turn lights» setas
turn signal» luz de seta; indicador de direção
turn signal indicator» luz do indicador de direção
turn-signal lamps» setas
turn signal lever» pisca-pisca AM
turn signals AM» setas
turnpike AM» autoestrada; estrada pedagiada
turnstile» catraca
twist» curva
twist grip throttle» acelerador de mão (moto)
twists and turns» curvas
twisty road» estrada cheia de curvas
two-axle truck» caminhão traçado (2 eixos)
two-(stroke) cycle engine» motor de dois ciclos/tempos
two-way» duas mãos (vias de)
type of fuel» tipo de combustível
tyre BR» pneu

unbalanced brake» freio desregulado
underbody» parte inferior de veículo
underbody coating» revestimento da parte inferior de veículo
underbody protection» proteção da parte inferior do veículo
underbody structure» estrutura/armação da parte inferior do veículo
undercarriage» chassi; estrutura/armação da parte inferior do veículo
underground (BR)**»** metrô
underinflated tire» pneu baixo
underpass» túnel
underpass (AM)**»** passagem subterrânea
underpass (BR)**»** metrô
underslung» pendente (chassi)
unleaded gasoline» gasolina sem chumbo
unmarked car» carro disfarçado da polícia
unsynchronized transmission» transmissão não sincronizada
up front» frente do carro
uphill» subida
uphill slope» caminho em aclive
upholstery» estofamento
urban driving» dirigir na cidade
used (*car*)**»** carro seminovo/usado
utility truck» VUC (veículo urbano de carga)
U-turn» retorno

V

V-4, V-6, V-8, V-10, V-12... engine» motor de 4, 6, 8, 10, 12... válvulas

vacuum» vácuo

vacuum brake» freio a vácuo

vacuum diaphragm» diafragma a vácuo

valet parking» estacionamento com manobrista

valve spring» mola da válvula

van» *van*; caminhonete; camionete; perua

vanity mirror» espelho de cortesia (do visor solar)

Vee-4, Vee-6...» motor de 4, 6, 8, 10, 12... válvulas

veer» guinada

vehicle» carro; veículo

vehicle body» lataria

vehicle inspection» inspeção veicular (feito por uma *official inspection station*)

Vehicle Inspection Certificate (*VIC*)**»** certificado de inspeção veicular (CIV)

vehicle plate (Austrália)**»** placa de licença

(*vehicle*) ***registration documents»*** documentos (do carro, do motorista)

vehicle seizure» apreensão do carro/veículo

vehicular» veicular

velocity» velocidade

vent door» ventilador **cam.**

vent» entrada de ar

ventilated disk/disc» disco ventilado

ventilation» ventilação

veteran car» carro/moto antigo(a), mas em boas condições

viaduct» viaduto (geralmente uma ponte comprida atravessando um vale, do tipo Viaduto do Chá)
VIN (*Vehicle Identification Number*)» número do chassi
vintage car» carro antigo, mas em boas condições
vintage motorcycle» moto antiga, mas em boas condições
viscosity» viscosidade
viscous» viscoso
visor» viseira (do capacete)
visor hinge» articulação da viseira do capacete (moto)
volatility» volatividade
volume car» carro produzido em massa
volume readout» quantidade de litros
vroom» vrumm (barulho de veículo indo rápido)
vulcanization» vulcanização

walkalator col.» esteira/tapete rolante (pessoas)
walnut dashboard» painel de madeira
warm air outlet» saída de ar quente
warm up» aquecimento do motor
warning lamp/light» luz de advertência/de aviso
warranty» garantia
washer» esguichador (de água no para-brisa)
washer nozzle» ejetor do lavador do para-brisa
water bottle» garrafa de água bic.
water bottle clip» suporte da garrafa de água bic.
(*water*) *cooling system*» sistema de arrefecimento
water pump» bomba d'água

wavy pavement» asfalto ondulado

wax» cera

way» via expressa

wayside» beira/margem da estrada (esp. no interior)

wear» desgaste

weather cracking» rachadura de pneu/pintura

webbing belt» cinto de segurança curto

weight» peso

welding» solda

well sign-posted drives» estradas/ruas bem sinalizadas

West Coast mirror» espelho retrovisor externo (de caminhão)

wet road» pista molhada

whale tail» aerofólio (aerofólio grande)

wheel» roda

wheel aligner» alinhador das rodas

wheel alignment» alinhamento das rodas

wheel balancing» balanceamento das rodas

wheel brake» freio de roda

wheel clamp» trava de pneu (colocada pela polícia em estacionamento proibido)

wheel cylinder» cilindro da roda

wheel disalignment» desalinhamento de rodas

wheel disk/disc» disco da roda

wheel flutter» trepidação/oscilação da roda

wheel loader» carregadeira; escavadeira

wheel misalignment» desalinhamento de rodas

wheel nut» porca da roda

wheel nut remover» removedor/chave removedora da porca da roda

wheel screw» parafuso da roda

*(wheel) **steering»*** direção

***wheel track*»** distância entre os eixos das rodas (DEE)
***wheel trampt*»** trepidação/oscilação da roda
***wheel wrench*»** chave de roda
***wheelbase*»** base das rodas; distância entre os eixos das rodas (DEE)
***wheelcover*»** calota; capa do estepe externo (carro tipo jipe com o estepe do lado de fora)
***wheels*»** carro (muito inf.)
***whip*»** chicote
***winch for towing vehicles*»** guincho
***winding road*»** estrada sinuosa
***window*»** vidro
***window button*»** botão de acionamento do vidro
***window recess*»** nicho lateral da janela
***window regulator handle*»** manivela do vidro
***window winder lever*»** manivela do vidro
windscreen BR**»** para-brisa
windscreen wiper BR**»** limpador de para-brisa
windscreen wiper blade BR**»** lâmina do limpador de para-brisa
***windscreen washer*»** lavador de para-brisa
windshield AM**»** para-brisa
windshield washer AM**»** lavador de para-brisa
windshield wiper AM**»** limpador de para-brisa
***windshield wiper blade*»** lâmina do limpador de para-brisa
***wind-up window*»** vidro manual
wing BR**»** para-lama
wing mirror BR**»** espelho lateral
winkers BR**»** setas
Winnebago (*trademark*)**»** grande veículo rodoviário para dormir quando se está viajando

winter tire» pneu para inverno
wiper» borracha do limpador do para-brisa
wiper arm» braço do limpador do para-brisa
wiper switch» comando do limpador do para-brisa
wire» fiação
withdrawal» desengate
withdrawing» desengate
wobble» trepidação
worn brake pad» pastilha de freio gasta
wrapping» envelopamento; adesivamento (V aspectos culturais)
wrecked car» carro acidentado
wrecker» carro-socorro; guincho
write-off» perda total (PT); sucata
wrong way» contramão

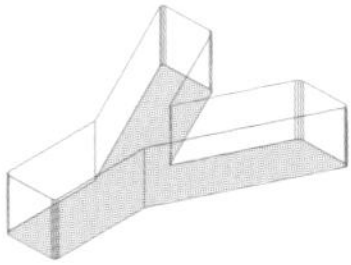

yellow boot» trava de pneu (colocada pela polícia em estacionamento proibido)
yellow light» farol amarelo (semáforo)
yellow shoe» trava de pneu (colocada pela polícia em estacionamento proibido)
yield» rodovia preferencial
zebra crossing» faixa de pedestre

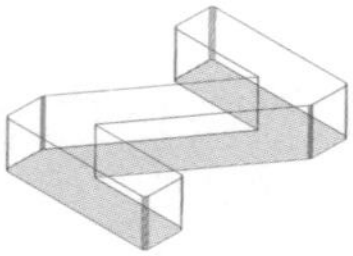

***zero-emission vehicle** (**ZEV**)*» veículo com emissão zero de gás

zigzag road» estrada em ziguezague

APÊNDICE

MODELOS DE CARRO CAR MODELS

C» Comfort
CD» Comfort Diamond
CL» Comfort Luxe
CLX» Comfort Luxe Extra
CS» Comfort Super
CSL» Comfort Super Luxe
DLX» De Luxe
ECI» Electronically Controlled Injection
EFI» Electronic Fuel Injection
ELX» Electronic Luxe Extra/Elegance Extra
EX» Extra/Executive
GL» Grand Luxe
GLE» Grand Luxe/Luxo Extra
GLS» Grand Luxe/Luxo Super ou Special
GLX» Grand Luxe/Luxo Extra
GSI» Gran Sport/Super Injection
GT» Gran Turismo/Grand Touring (usado nos nomes de alguns carros velozes)
GTA» Gran Touring Automatic
GTI» Grand/Gran Tourism/Turismo Injection
GTS» Grand Touring/Gran Tourism/Turismo Sport
GTX» Gran Tourism Experimental
HGT» High Grand Tourism
HLX» High Luxury/High Level Extra
L» Luxo
LS» Luxo Super
LX» Luxo Extra
LXS» Luxo Extra Super
MDX» Multi-Dimensional Luxury
MI» Multipoint Injection

MPFI» Multipoint Fuel Injection
MPI» Multipoint Injection
NSX» New Sports Experimental
RDX» Research and Development Xtreme (electric touring car)
RL» Ranking Low
RN» Ranking Normal
RS» Racing Sport
RSX» Rally Sport Experimental
RT» Ranking Top
RXE» Ranking Extra
S» Super
SLX» Super Luxe/Luxo
SX» Standard Extra
TL» Touring Luxury
TSI» Tourism Sport Injection
TSX» True Space Extension
VHC» Very High Compression
XL» Extra Luxe
XLT» Extra Luxe/Luxo Total
XR» Experimental Research
ZDX» a four-door sports coupé (variação do MDX)

TAMANHOS E TIPOS DE VEÍCULOS
SIZES AND KINDS OF VEHICLES

4 x 4» *4WD; four wheel drive vehicle; four by four; 4x4 trax* (tração nas quatro rodas)
carro de luxo» *luxury car*
carro de passageiros» *passenger car*
carro esporte» *sports car*

carro executivo» *executive car*
compacto» *compact*; *small-family*
conversível» *convertible*
crossover» *crossover* (V aspectos culturais)
cupê» *coupé*; *two-door sedan*
de dois lugares sem capota» *roadster*; *spider*
furgão» *minivan*
híbrido» *green car*; *hybrid*
***hatch*»** *hatchback* (perua com porta extra por trás; três portas)
jipe» *jeep*
lambreta, *scooter*, *vespa*» *scooter*
limusine» *limousine*
mini» *minicar*; *mini*; *microcar*
minivan» *minivan* (para cerca de oito pessoas)
off-road *(vehicle)*» *off-road* (V aspectos culturais)
perua» *station wagon/SW* AM; *estate car* BR
picape, caminhonete» *pick up* (*truck/van*); *heavy duty pick up*
quatro portas» *four-door sedan*
sedã» *sedan* (quatro portas); *saloon* (car) BR
subcompacto» *subcompact*
tamanho família» *family size*; *large family car*
tamanho grande» *full-size*
tamanho médio» *medium/mid-size*
todo terreno *(all terrain)*» *multipurpose vehicle* (*MPV*)
***trailer*»** *RV* (*recreational vehicle sedan*); *motorhome*
utilitário esportivo» *sports utility vehicle/car* (*SUV*)
utilitário» *utility truck/van*
***van*»** *van*
***van* de no mínimo seis lugares»** *space wagon*
veículo para moradia durante as férias» *camper*

SINAIS RODOVIÁRIOS/ DE TRÂNSITO/ EM GERAL
ROAD/TRAFFIC/COMMON SIGNS

Acesso Proibido» *No Entry; Do Not Enter*
Altura Limitada» *Overhead Clearance*
Ceder Prioridade/Preferencial» *Yield*
Ciclovia» *Cycle Track*
Cruzamento Adiante» *Intersection Ahead*
Cruzamento com Prioridade» *Merging Traffic*
Cuidado» *Look Out*
Curva à Direita» *Right Hand Turn; Right Bend; Curve to Right* AM; *Bend to Right* BR
Curva à Esquerda» *Left Hand Turn; Curve to Left* AM; *Bend to Left* BR
Curva Acentuada em S à Direita» *Double Bend*
Curva em S» *S-curve*
Curva Fechada» *Sharp Bend*
Curva Perigosa» *Dangerous Bend*
Dê a Preferência» *Yield*
Declive Forte» *Steep Hill*
Devagar – Crianças» *Slow – Children*
Diminua a Velocidade» *Slow Down; Be Prepared to Stop*
Estacionamento Exclusivo para Clientes» *Customer Parking Only*
Estrada de Emergência» *Evacuation Route*
Estrada para Bicicletas» *Bike Route*
Estreitamento de Pista» *Roadway Narrow*
Fim da Via Preferencial» *End of Priority Road*
Limite de Velocidade» *Speed Limit*
Mantenha a Direita» *Keep Right*
Mão Única» *One Way (One-Way Traffic)*
Obras a 500m» *Road Works 500m*

Parada Obrigatória» *Stop at Intersection*
Pare/Siga» *Stop/Go on*
Passagem de Animais Selvagens» *Deer Crossing/Xing*
Passagem de Nível» *Railroad Crossing*
Passagem Proibida para Pedestres» *No Thoroughfare*
Pista Derrapante» *Slippery Road*
Pista Irregular» *Bumps*
Pista para Ciclistas» *Cycle Track*
Pista para Ciclistas e Pedestres» *Bike and Pedestrian Path* AM; *Cycle and Pedestrian Route* BR
Posto de Gasolina» *Service Station; Service Area* (com combustível, lanchonete, restaurante, estacionamento, pousada etc.)
Posto de Socorro de Urgência» *First-Aid Station*
Proibido Dobrar à Esquerda/Direita» *No Left/ Right Turn*
Proibido Estacionar» *No Parking*
Proibido Estacionar a Qualquer Hora» *No Parking Any Time*
Proibido Retornar» *No U-turn*
Proibido Ultrapassar» *Do Not Pass; Passing Prohibited*
Queda de Pedras/Barreira» *Falling Rocks*
Rodovia em Obras» *Road Works Ahead*
Rua sem Saída» *Dead End*
Semáforo à Frente» *Signal Ahead*
Sentido Obrigatório» *Direction to be Followed*
Tráfego nos Dois Sentidos» *Two-Way Traffic*
Trânsito proibido a bicicletas/motocicletas/ caminhões» *closed to bicycles/motorcycles/trucks*

Trânsito Local» *Private Road – No Thru Traffic*
Trânsito Proibido a Pedestres» *Closed to Pedestrians*
Travessia de Pedestres» *Pedestrian Crossing*
Vaga para Deficientes» *Parking – Handicapped; Reserved Parking – Handicapped; Disabled Person Parking Only*
Via de Sentido Único» *One-Way Traffic*
Vire à Direita» *Turn Right*
Vire à Esquerda» *Turn Left*
Ultrapasse pela Esquerda/Direita» *Overtake on the Left/Right*
Zona Escolar» *School Zone*

ASPECTOS CULTURAIS
CULTURAL ASPECTS

automatic gear» câmbio automático. A sigla é PRNDL e ele contém:

P - ***Park***: para estacionar, recomendado para dar a partida e desligar o motor do automóvel. Bloqueia as rodas de tração.

R - ***Reverse***: marcha à ré.

N - ***Neutral***: ponto morto. Posição que pode ser usada ao dar a partida e desligar. Não bloqueia as rodas de tração.

D - ***Drive***: para movimentar o veículo para frente, usado na maior parte do tempo de direção.

L - ***Low***: lenta, geralmente para terrenos mais íngremes.

4 - 3 - 2 - 1: posições que permitem o bloqueio das marchas 4, 3, 2 e 1. O bloqueio é usado em

situações extremas quando o veículo troca várias vezes de uma marcha para outra. Por exemplo, em um aclive acentuado, ao se colocar na posição 2, impede-se o veículo de automaticamente trocar para a posição 3. Dessa forma bloqueia--se uma posição de marcha específica e não ocorre a troca automática entre elas.

***back seat driver*»** passageiro que dá palpite o tempo todo quanto ao modo de dirigir o automóvel.

Banger Racing BR, ***Street Stock*** e ***Enduro Racing*** AM**»** corrida de carros esportivos velhos em que se tenta bater no carro do adversário.

Belisha beacon BR**»** globo cor de âmbar em cima de um poste preto e branco, indicando a faixa de pedestres.

boy racer inf**»** carro esportivo de baixo custo, não necessariamente muito veloz e potente.

***bumper cover*»** acessório no para-choque, geralmente feito de plástico ou fibra de vidro, que serve para cobri-lo e protegê-lo.

burnout*»** borrachão ou fritada, também conhecido como ***peel out ou ***power brake***, é uma manobra que consiste em manter o veículo parado, brecado, ou quase parado, mas com as rodas girando em alta rotação, fazendo com que o atrito do pneu com o chão gere fumaça, faíscas e até chamas devido à fricção.

***cab*»** palavra oriunda de cabriolé (v cabriolé)

***candy paint job*»** pintura customizada de cor transparente sobre a pintura base, para dar mais brilho e incremento à pintura (AM – inf.)

***car banger*»** pessoa ou organização que frauda

acidentes de carro e contas de serviços dos consertos realizados para receber o dinheiro das companhias de seguros.

***car banging*»** fraude contra a companhia de seguros envolvendo falsos acidentes e contas dos serviços de conserto realizado.

Certificate of Roadworthiness* BR»** este certificado é geralmente solicitado quando um veículo é vendido ou novamente registrado. Isso ajuda a minimizar os veículos em mau estado na estrada. Para isso, o carro passa por uma vistoria chamada ***roadworthy inspection.

***coasting* AM»** ato de dirigir o carro desengatado e com o motor desligado.

***congestion pricing* BR»** prática de cobrar mais dos motoristas para usar vias públicas, pontes ou túneis em horário de pico, para incentivar o uso de bicicletas, transporte coletivo e andar a pé.

crossover small utility vehicle* (*CUV*)**; veículo urbano com adereços de ***off-road; veículo fabricado utilizando a base de um carro comum, com adaptações para adquirir características de um SUV.

***cult car*»** carro pelo qual os proprietários são apaixonados e o tratam como se fosse da família; geralmente é um carro clássico, mas também pode ser fabricado atualmente.

de-ice*»** remover o gelo do para-brisa e do vidro traseiro; geralmente se usa um ***spray, o ***de-icer***, para a limpeza do gelo.

***delivery mileage only*»** quilometragem do percurso do veículo entre a fábrica e a concessionária.

Denver boot, wheel boot*»** objeto de metal que a polícia usa para cobrir um pneu de carro estacionado em local proibido; bloqueador de rodas para veículos estacionados irregularmente. Em BR, é ***wheel clamp, yellow shoe/boot.

***derv* (*diesel-engined road vehicle*)»** diesel para veículos.

***designated driver*»** alguém que, num evento social, concorda em não beber para dirigir e levar os amigos para casa.

diamond lanes* AM»** estradas que só podem ser usadas por veículos contendo mais de uma pessoa e com grandes losangos pintados no asfalto; chamam-se ***HOV* (*high occupancy vehicle*) *lanes; destinadas também para tipos específicos de veículos, como bicicletas.

***dogleg*»** volta fechada; (fazer) curva na estrada mudando completamente de direção.

***donor/spares car*»** carro do qual se pode extrair peças para repor ou consertar outro carro.

DOT*» *Department of Transportation AM; ***Department of Transport*** BR.

doughnut/donut*»** zerinho. Na Austrália e nos EUA, é uma manobra de cavalo de pau, geralmente com a roda dianteira com menos movimento, em superfícies molhadas ou congeladas (neve), fazendo círculos como os de um ***donut e deixando marcas circulares dos pneus na pista.

drag race/racing: corrida de carros em pista reta, curta, para testar aceleração.

dragster: tipo de veículo leve com motores extremamente potentes, esp. projetados para provas de arrancadas em retas.

drift/drifting: técnica de direção de carros ou motos que consiste em deslizar nas curvas escapando a traseira e em girar o volante para que as rodas dianteiras estejam sempre em uma direção oposta à curva (se o carro vira para a direita, então a roda deve estar à esquerda, e vice-versa), controlando o nível de derrapagem, fazendo o carro literalmente andar de lado.

drive-by safaris: ônibus de turistas que percorrem o Harlem, assim apelidados por seus moradores.

drive-in: cinema ou lanchonete ao ar livre em que se pode assistir a filmes e comer sem sair do carro.

dual carriage way/dual single lane: estrada de pista dupla com uma faixa; *dual 2-lane*: estrada de pista dupla com duas faixas; ou *dual 3-lane*: estrada de pista dupla com três faixas cada.

DUI (*drive under the influence*): dirigir embriagado.

DUIC (*driving under the influence of cannabis*): dirigir drogado.

DWI (*driving while intoxicated*): dirigir bêbado ou drogado.

ELV (*end-of-life vehicle*): veículo cuja vida útil já terminou.

ETL (express toll lane): em uma *ETL*, todos os veículos pagam a mesma tarifa de pedágio; em uma *HOT* ou *HOV*, há diferentes tarifas dependendo da densidade de tráfego.

facelift: pequenas modificações feitas em um carro que está quase no fim de sua vida útil.

Federal Engine: motor que atende aos padrões federais de emissão e certificado pelo *EPA* (*Environmental Protection Agency*) AM.

flame paint: pintura em carros customizados em forma de chamas, geralmente amarela e laranja.

General Purpose Vehicle (*GP*): designação de carro comum.

goodbye kiss area: área do aeroporto em que as pessoas podem parar o carro para se despedir.

Highway Code BR: código para usuários de estradas.

highball (AM – inf.): prática de dar um preço muito alto por um carro que está entrando como parte do pagamento na troca de um veículo porque se espera que o cliente vá efetuar a compra. Quando ele volta, é informado de que houve erro no cálculo do preço. Muitos aceitam um preço inferior por estarem cansados de procurar.

hooning/hoon driving: ato de dirigir de maneira agressiva, isto é, de maneira rápida, perigosa e barulhenta.

HOT lanes (*high occupancy toll)*: pistas com pedágio que asseguram que elas fluam, mesmo quando as outras estão congestionadas.

hot rod: carro americano, geralmente antigo, com motor modificado para maior velocidade linear (e.g.: *Vou fazer um "hot": I'm going to build a hot rod.*). Pode ser: ***leadsled*** (carro de linhas alongadas); ***choped*** (de teto rebaixado); ***saved*** (sem frisos, acessórios); ***nosed*** (sem emblemas no capô, como o ***old dog***, que é um Ford 1931). Um dos estilos chama-se ***old school***, que é um dos ***designs*** mais clássicos.

HST: high speed train/rail (system): trem expresso.

Insulfilm™: marca registrada de película de proteção. Em inglês, há vários tipos de película, chamada *film*, podendo ser *window insulation/privacy/ protection film* etc.

Knowledge (The): estudo aprofundado das rotas das ruas e lugares de Londres que o motorista precisa conhecer para obter a licença para dirigir um *black cab* (táxi).

learner's permit: permissão/licença para dirigir antes de ter idade suficiente para guiar e que lhe dá o direito de dirigir com alguém que tenha a carteira de habilitação.

lemon BR: carro novo ou usado com muitos defeitos.

1. *lowball* (AM – inf.): prática de dar um preço muito baixo por um carro que está entrando como parte do pagamento para um cliente que está fazendo cotação de preços; quando este volta àquela concessionária atraído pelo preço baixo, ele é informado de que houve um erro no preço, mas acaba efetuando a compra porque está cansado de procurar.

L-plate: sinal branco com um "L" em vermelho para indicar que o carro está sendo dirigido por um aprendiz BR.

LRV (*Light Rail Vehicle*): trem que transita em algumas cidades dos Estados Unidos.

Main Street: rua principal no centro de uma cidade (*town* e não *city*) com muito comércio.

MADD (*Mothers Against Drunk Driving*): organização que tenta persuadir o governo a agir mais para impedir que as pessoas dirijam após ingerir álcool.

meter maid: mulher cuja função é verificar se os carros estão estacionados legalmente e aplicar multas (AM – inf.); o equivalente em BR é *traffic warden*.

off-duty taxi: os táxis em Nova York têm uma luz no topo do carro. Se a luz estiver acesa, o taxi está livre, e a pessoa pode acenar (***to flag it down***) para pará-lo ou correr para pegá-lo (***to grab it***). Se a luz estiver apagada, o táxi não está livre e aparecerão as palavras "***Off Duty***".

off-road: carro projetado para uso onde não há estradas ou vias, como montanhas, desertos etc.

open road: estrada pela qual se guia por longo tempo sem chegar a nenhuma cidade.

park and ride: sistema de transporte no qual os motoristas deixam seus carros em um lugar fora da cidade e vão à cidade de trem ou de ônibus.

phaeton: faetonte (pequeno veículo usado no passado com 2 lugares, sem teto, puxado por cavalos.)

probation interlock device: dispositivo de trava da ignição do carro, destravado somente após o motorista apresentar dosagem etílica em nível permitido.

repmobile (representative automobile): carro comercial que representantes de vendas usam.

rest area AM; ***service area*** BR: área de descanso; parada numa estrada para comprar alimento, usar o banheiro etc.

rig AM: caminhão grande com duas partes, uma para o motorista e o motor e outra para a carga.

road test (AM – inf.): prova prática oficial obrigatória antes de se obter permissão para dirigir na estrada; também ***test drive*** para se avaliar o carro na estrada; teste para verificar se o carro está bom após conserto.

Route 66: estrada antiga e famosa que liga Chicago a Los Angeles, sendo a única no passado.

Safety Compliance Certification Label (SCC): selo no trinco da porta do motorista, contendo as seguintes informações: nome do fabricante, mês e ano de fabricação, Número de Identificação do Veículo (VIN), peso bruto etc.

semi AM: caminhão grande e pesado articulado a um *trailer* para carregar mercadorias em distâncias grandes.

service: serviço de ônibus, navio, avião, trem, que vai regularmente a um lugar determinado num horário determinado (e.g.: *The 9:15 service to Sorocaba has been canceled again*.).

speed/radar gun: radar de controle de velocidade; pistola de velocidade. É um *doppler* (radar) usado pelos guardas rodoviários para medir a velocidade.

sport shower: ducha localizada na parte traseira do veículo que serve para limpar os pés da areia, por exemplo.

stoplight: semáforo na estrada que indica aos motoristas para parar e seguir; também pode ser somente o semáforo vermelho para os motoristas pararem.

stretch limo inf.: limusine que foi expandida para aumentar o espaço interno.

SULEV (*super ultra low emission vehicle*): veículo com baixa emissão de gases.

SUV (*sports utility vehicle*): veículo fabricado a partir de chassis de caminhonetes com *design* similar aos *station wagons*.

superhighway AM: estrada bem larga onde se pode dirigir rápido entre cidades.

targa: carro semiconversível, cujo teto pode ser parcialmente removido entre a moldura do para-brisa e um arco largo de proteção atrás do motorista e passageiro.

test certificate BR: documento oficial usado no Reino Unido para mostrar que um carro está em boas condições, seguro para dirigir.

throughway/thruway AM: autoestrada para grandes velocidades; uma ***highway*** larga e dividida, na qual o tráfego pode fluir rápido; em muitas ***throughways*** paga-se pedágio.

TM (***Traffic Management***): Gerenciamento de Trânsito.

towpath: caminho de sirga (caminho ao longo de um canal ou rio, usado no passado por cavalos que puxavam barcos).

traffic calming BR: moderador de trânsito; métodos para tornar o tráfego mais lento, como piso diferenciado, pequenos quebra-molas, redutores de velocidade etc. para segurança do pedestre.

trip recorder: dispositivo que registra e exibe informações acerca dos percursos do veículo como, por exemplo, hora da partida, da chegada, distância percorrida, velocidade média, consumo de combustível etc. Pode constar no hodômetro.

tropicalização de carro: processo brasileiro de adequação do automóvel estrangeiro ao combustível, como substituição de mangueiras, tubulações, molas, amortecedores etc. realizado pelas empresas que trazem os carros para o Brasil. Um equivalente poderia ser ***car adaptation***.

turnaround, turnround AM: área ampla onde um veículo pode fazer a volta.

turning circle: menor círculo que um veículo pode fazer com as rodas travadas.

turnpike: autoestrada, geralmente com pedágio, no leste americano.

vanity/customized plate: chapa/placa de carro personalizada, com combinação de letras e números escolhidos pelo proprietário

vgc (***very good condition***): em boas condições

way station: estação intermediária entre as principais de uma ferrovia.

wheelie, wheeling ou stunt: empinar; esporte radical praticado com motocicleta, que consiste em realizar manobras (no Brasil, usamos o termo para designar o esporte como um todo, não apenas o ato de empinar).

wrapping: envelopamento, adesivamento, ou seja, revestimento feito de vinil (***large panels of vynil***) para mudar o ***design***, cor, decoração etc. do veículo; por exemplo, mudar a cor de um carro verde para preto fosco (***matte black wrap***). Pode ser ***car/vehicle/truck/trailer/van wrap***.

zequinha: termo brasileiro que denomina o terceiro navegador em um carro de ***rally***.

REFERÊNCIAS BIBLIOGRÁFICAS

ALLEGRO, A.; MOBAID, R.; BREZOLIN, A. 1ª ed. *Happy Couples.* São Paulo: Disal, 2010

Barsa Dictionary – vols. 1 e 2 – inglês-português-inglês. New York: Appleton-Century-Crofts, 1964

Berlitz – Inglês para viagem. 8ª ed. São Paulo: Edições Berlitz, 1987

Dicionário Larousse – inglês-português-inglês. 1ª ed. São Paulo: Editora Ática, 2003

KAYANO, L. *Vocabulário para Engenharia Automotiva* – português-inglês-português. 1ª ed. São Paulo: SBS, 2001

Macmillan English Dictionary for Advanced Learners of American English. United Kingdom: Macmillan Publishers Limited, 2002

MICHAELIS tech. Dicionário Visual – inglês-português-francês-espanhol. 1ª ed. São Paulo: Companhia Melhoramentos, 1997

MONTEIRO, D. *Pequeno Dicionário do Automobilista.* São Paulo: Artesc, 1994

Oxford Collocations. 3rd ed. Oxford: Oxford University Press, 2003

Oxford Advanced Learner's Encyclopaedia. Oxford: Oxford University Press, 1992

Oxford Photo Dictionary. 3rd impression. Oxford: Oxford University Press, 1992

SELL, L. L. *Comprehensive Technical Dictionary.* São Paulo: Editora McGraw-Hill Ltda., 1953

SPEARS, R.A.; BIRNER, B.; KLEINEDLER, S. *NTC'S Dictionary of Everyday American English Expressions.* Illinois: NTC Publishing Group, 1997

REFERÊNCIAS NA WEB

Babylon 8 English-Portuguese
Dicionário Automotivo Inglês-Português Brasileiro
http://en.wikipedia.org/wiki
www.acronymfinder.com
www.ask.com
www.cardictionary.com
www.google.com.br
www.noticiasautomotivas.com.br
www.proz.com

AS AUTORAS

ROSALIND MOBAID:
Mestre em Tradução pelo Unibero; tradutora pública e intérprete comercial; leciona interpretação, tradução e língua inglesa na Universidade São Judas; coautora dos livros *Whatchamacallit? – novo dicionário português-inglês de idionatismos e coloquialismos* (Disal Editora, 2006) e *Happy Couples – dicionário de colocações lexicais adjetivas port.-ingl-port.* (Disal Editora, 2010).

CYNTHIA PICHINI:
Mestre em Linguística Aplicada ao Ensino de Línguas pela PUC-SP; leciona língua inglesa, tradução e fonologia na Universidade São Judas Tadeu; tradutora *freelance*.